7

Jul.

许倬云先生在匹兹堡家中　许乐鹏　摄　2008 年

三千年
文明
大变局

许倬云 著

九州出版社
JIUZHOUPRESS

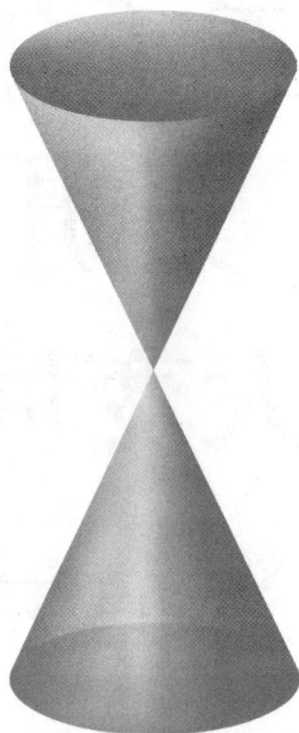

总 序

当今世界的文明危机与转型

各位读者朋友好，我是许倬云。

这十来年，我们看见世界的变化非常之严重。各种不同的文化背景，造成了不同国家彼此间的许多紧张形势。今天的世界打起仗来不像过去，真要彼此扔核弹，大家一锅熬。所以，我对这方面十分担心。

回头想想，我们三千多年前，就是所谓"轴心时代"，几个古代大的文明都出现一批哲人，他们提出一些有关人类文明的基本立场和方向，使这几个大的文化系统都从根上长出新苗，并延续几千年。中华文明和犹太－基督教传统、波斯传统以及伊斯兰传统（伊斯兰传统是从犹太－基督教传统化身出来的），这几个大的传统之间，其实从开始就存在相当根本性的不同。延续下来到今天的世界，当前存在的种种文明冲突，其实并非偶然。如何化解这重重的冲突，是要紧的事情。至少我们要知己知彼，既了解中华文明自身的立场，也要理解他者的立场是从何时、何地、如何生根发芽长出来的。我想这种了解，对我们做出若干决策以及反应会有所帮助。

我这四本书，恰好就在处理这些问题，针对东西方文明中不同的文化集团，对其基因间的差异加以剖析。

我们以中国的文化体系来说，从三千年前的西周开始，一直到汉朝建构完成——真正彻底完成要到明代的王阳明。从如此长的时间段来考察，我觉得中国文明不是论个体，而是论系统，几套系统性的关键要素，互相套叠在一起。在这许多不同层级、相互套叠的系统之内，个人属于第二级、第三级，而非最大或者唯一。整个宇宙也是由不同层次、不同大小以及不同性质构成的，许多系统互相套叠、互相呼应。人在这中间始终是个关键要素：一个区域、文化之内的许多人，构成一个集团、一个系统，个体与系统之间彼此也有相互依存的关系。中国这一套基本观念：阴阳背反、互动，五行相生相克的流转，及其对世间万物、不同情况的归类——包括人与天地的关系，人与人之间的互动，都是以这个认知为基本结构。

这种不同层级相互套叠的系统，在佛教的《华严经》里表达得非常清楚。而且《华严经》还讲到：种种系统有虚假的，有真实的；虚假的是真实的反映、映照，是它的影子，也是个回照。《华严经》指出的这种复杂关系，恰好与当今量子物理时代的系统论暗合。

而希腊、罗马形态的文明，是以个人为主体。罗马是从希腊化身出来的。希腊是一个城邦，由几个族合在一起，共同努力建立一个防卫单位，但是要整队出发去劫掠别的地方，掠夺别处的资源。他们的系统对外是敌对、掠夺、竞争，对内是强调个人与群体之间的平衡。个人居于极高的地位，对任何其他力量不容让——它是绝对的、自立性的东西，它不是系统的，而是专断的。在这个文明特色之下，就衍生了一个独神教。

中古时代，阿拉伯帝国的阿拔斯王朝和盛唐的中华帝国发生过一次怛罗斯战役，安西都护高仙芝战败。那次失败，伊斯兰教的世界初试啼声，席卷而上，把两个大帝国都打败了——中国的疆域被伊斯兰教打破了，波斯帝国被灭亡。那个时候，正处于人类文明第二个轴心时代。秉持独神信仰和个人主义的宗教出现了两三家，而且都信奉强大的、极端的暴力。

到今天我们感觉到，又是这种独神信仰和个人主义的观念席卷世界。今天中国面临的局面是"一对二"，以我们自身的文明来面对两个独神教系统：中东的伊斯兰教、欧洲的基督教。独神教的特点是以自己为重，认为上天对他们有特别的恩宠，因此他们拥有特权，可以凌驾于异质文明之上。他们所尊奉的个人主义，发展到一定地步，个人可以挑战集体、挑战系统——美国最近发生的，其实就是这种情形。这种文明之间的冲突，从唐朝以后其实一直都在，很多时候是间接冲突。

到了18世纪以后，发生了更大的冲突，就是我们的文明和资本主义主导的商业经济间的冲突。资本主义商业经济一切谈利，和中国文明一切谈义的立场正相反——西方人谈利不谈义，他们认为"利"就是"利己"。这是人类文明史上又一次的"轴心转换"。这一资本主义系统的强大力量，将伊斯兰教的力量也压倒了；而这种"求利之心"，架在资本主义列车上横扫世界。

我们中国如果跟随西方走的话，大家同样是一切求利。但我们看见在二战以后，美国近四五十年显露出的问题，如今愈演愈烈："神""人"之间，现在"神"的力量没有了，"神"对个人不再有约束力；个人的求利之心、求自利之心，变成最重要的动机。所以，这个以个人自由、个人权利、个人独立精神来共同组织一个民主国家的构想，在今天面临极大的危机：这种国家社会，一步步分散，终有一天会溃散到不能运作。溃散以前，掌握权力的人，以其自身利益为着重化，为所欲为，这是极大的危机。

伊斯兰教集团逐渐衰微，被基督教集团压得无法抬头。世界上只有我们中国独自挺在一边，我们还有中国文化系统的旁支。但是这片传统的"中华文化圈"，占据世界四分之一以上的土地，拥有超过世界四分之一的人口，不是无可作为。我们恐怕是当今世界，唯一可以将个人主义的极端性加以矫正的力量，所以，在这个特别的时机，我愿意把这些想法提出来，是心有戚戚焉。

今天读到新闻，说北卡罗来纳州发生枪战，这些人将配电站都烧了。枪战发生的原因，是支持同性恋的组织与保守的宗教组织对抗。我不批评他们的个人选择，但个人主义发展至极端，整个社会就不成组织，必定趋于散漫。

动物里的蚂蚁、蜜蜂是极端集体主义：有工蚁、工蜂做事，蚁后、蜂后负责生产，养了一批提供精子的雄性。它们是集体主义，没有个体在内——这与中国的系统化之内各种大小单位彼此补充、调节的模式完全不一样。如果我们把个人主义倒反过来，集体主义到了极点的话，也不是我们所需要的、向往的东西。

今天我提出的，第三次世界的轴心时代在二战结束时开始：二战结束以后，世界被拉到一块，不同思想、不同文化、不同观念、不同利益都被拉到一块，共同谋生。只要不独断地否定其他文明，可以共同求存，不致自我毁灭——国家内部分散到一定地步，就是自我毁灭。

我就说到这里，盼望大家体谅我这老年人的一番心情，可能是过虑，但确实是苦心。这个苦心是为了全体人类，不是为我自己。

谢谢各位。

2022 年 12 月于匹兹堡

目 录

前 言

未来人类的前途，能否殊途同归？

在这本书里，我想提出讨论的乃是中国和欧洲——这两个人类史上重要的文化系统——数千年的发展及其途径的同和异。

我打算从这两个地区新石器时代的发展开始，讨论古代人类对当地环境的适应以及因此而采取的不同对策。我也想讨论这两个地区的古代人类与邻近地区的其他人类有怎样的互动方式，然后，我们再从社会制度、价值观念、经济发展、国家形态等方面逐项地加以比较。每一课题都包含两个部分：一部分是中国；一部分是欧洲。

既然身为中国人，我不免在叙述中国的部分会比较详细。然而，我也了解，一般读者对于欧洲的历史并不是十分熟悉，因此，我也会介绍一些一般性的知识，作为比较的依据。从这些章节的比较之中，我们会看见中国和欧洲的发展都有不同时段的高峰和低谷。这两个大地区之间，还有内亚❶和西亚这一大片土地。中国和欧洲之间的接触，有很长一段时间是间接的，经过这中间的亚洲内陆，有时隔绝，有时畅通。

在这种情况之下，两个大文化系统起起伏伏，终究各走各的道路。在16世纪之后，海洋航道开通，东方和西方能够直接接触了，于是，这两个大文化系统之间的互动，也就决定了此后两个文化分别开展的方向。总的来讲，16世纪以后，恰好是欧洲走完了从盛到衰、从谷底重新开辟新途径的时候；而中国呢，则是在汉唐两次盛世以后，出现了下降的趋势。在近代四五百年的接触中，中国的衰世碰到了欧洲的盛世，就不免有招架无力之感。

吊诡的是，欧洲这四五百年来，也在经历一个"成、住、坏、空"的过程，从16世纪开始的上坡，走过兴盛繁荣，进入现在正在衰退的叔世，可能就将走向衰亡。中国呢？在这个时期，蓄积了两百年的委屈和沮丧，累积了反弹的动机，可能转化为再起的强大动力。将来，情况可能就倒过来了，中国要从衰势回头的时

---

❶ **内亚**　即中亚，亚洲中部内陆地区。在涉及传统中国的地理范围上，最大的区域包括了中国东北地区、内外蒙古、新疆、西藏，青海、甘肃、陕西和山西的部分地区；最小的范围则是19世纪中国的满洲、蒙古、新疆和西藏。

候，欧美却从盛况转向衰退。这种推测，目前已经能看出一些迹象。中国挟其蓄势待发的"动能"，"接过"欧美留下来的制度和观念，然而问题在于，中国人接过来的是一个正在腐烂的"现代文明"，我们怎么能盼望已经衰败的种子长出优良的果实？

因此，未来人类的前途，也就在于中国和欧美两大文化系统在人类文明"剥""复"之际，各处人类能否殊途同归。我们又如何重新开辟新机缘，使欧洲的颓势借由东方兴起的澎湃的"动能"，在全世界开辟新方向，走向全球共享的盛世。

这是需要我们思考的问题。因此，这本书也会有一章——也许在"结论"吧，专门讨论这个课题：中国和欧洲两个文化系统在相逢、相撞、彼此刺激之后，能否融合、如何融合。当然，世界上不只有中国和欧洲这两个文化系统，还有其他文化系统，比如南亚的印度教、佛教系统以及在中东存在了一千多年的伊斯兰教系统。这两个系统将来如何定位，到今天还是很大的问题。非洲大陆上，当地文化经过欧洲长期殖民，也已经开始发生变化。目前，他们有没有办法从自己的传统之中，汲取一些有益的文化基因，放在全球文化的体系内，作出他们应有的贡献？凡此，都是必须推敲的问题。下面若干章节之中，我们会陆陆续续地碰触到这些问题。

　　所有的这些讨论，无非是作者个人努力尝试的思考，当然有许多不成熟、不完备的地方。我只是盼望抛砖引玉，引起别人的注意，让大家一起参加重要课题的检讨和思考，为自己找安身立命之所，也为世界找"贞下起元"的方向。

第一章

中西三千年文明之异的根源

　　谈到中国和欧洲的古代文明发展，就不得不谈到今天所谓白种人和黄种人之间的差别。最近二十年来，人类学界出现"非洲人种扩散论"，认为现在世界各地的人类都是最后一拨儿从非洲往北移动的人种的后代，称为"现代人种"。这一理论最受质疑之处是：本来在这些地方居住的其他人种，究竟到哪里去了？

　　在古代，人类掌握的工具不可能造成灭种的灾害。假如这些在各地居住的原来人种并没有被消灭，而只是和最后一拨儿非洲北上扩散的人种混合，那么，我们只能说，所谓"现代人种"也不过是许多人种之一，并没有也不可能完全取代其他人种。

亚洲和欧洲人种，都是"现代人种"的一部分

我们不能忽视，欧洲早已有人居住，如尼安德特人❶。这一古代人种并没有消失，人类学家细密地研究人类基因，实际上已经在欧洲人中找到了尼安德特人的基因。尼安德特人曾和来自非洲的所谓"现代人种"同时在欧洲居住，最后，两者混合为欧洲的土著人种。

回过头来，看看东方的中国。中国考古学在古代人种的基因方面，还没有太多的新研究。从"北京人"❷到近来出土的"许昌人"❸，中国有不少古人类的发现。经过体质人类学的解析，发现这些古代人种之间有相当可见的承袭迹象。

最近，又有对两万年前的丹尼索瓦人❹的基因研究，他

---

❶ 尼安德特人（Homo neanderthalensis） 化石智人之一，因 1856 年发现于德国杜塞尔多夫的尼安德特河谷附近的洞穴中而得名。

❷ 北京人 即北京猿人，中国猿人的一种，生活在距今约 70 万—20 万年以前。1927 年在北京周口店龙骨山山洞发现了第一颗北京人牙齿化石，1929 年发现了第一个完整的头骨化石。

❸ 许昌人 "许昌人"古人类头盖骨化石，是在许昌市灵井旧石器时代遗址发现的。是继北京猿人之后我国古人类研究的又一重大发现，这一发现填补了中国现代人类起源中的重要一环。

❹ 丹尼索瓦人（Denisova hominin） 可能生活于更新世晚期的亚洲大陆，与尼安德特人有亲缘关系，2008 年在西伯利亚南部阿尔泰山丹尼索瓦洞（Denisova Cave）的古遗址中发现丹尼索瓦古人类化石。

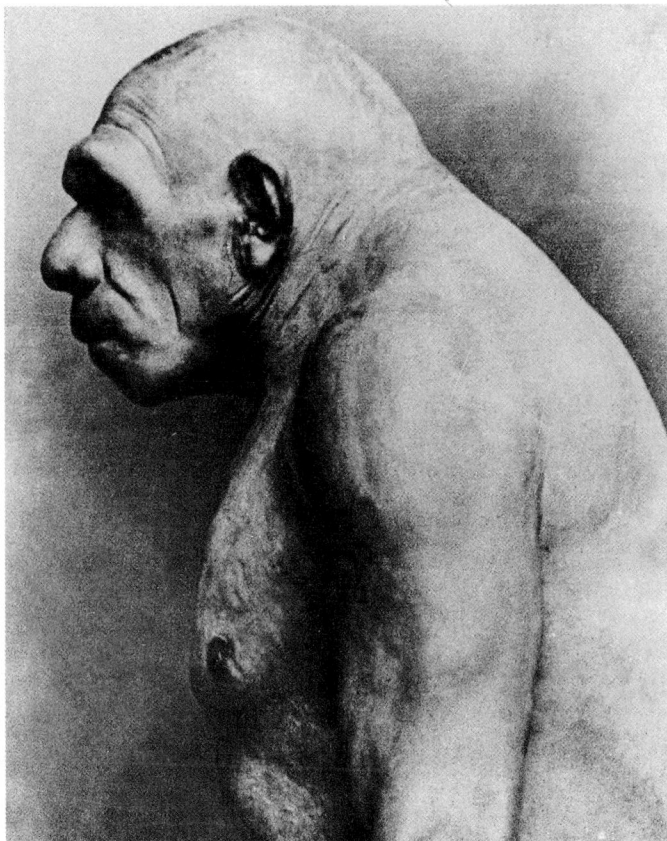

1920 年复原的尼安德特人模型，现藏芝加哥菲尔德自然历史博物馆

尼安德特人曾与来自非洲的"现代人种"同时在欧洲居住，最后两者混合为欧洲土著人种。

们是存在于现代亚洲大陆和海洋岛屿的民族。丹尼索瓦人的遗骸是 2008 年在俄罗斯西伯利亚地区阿尔泰山底下的一个洞穴中发现的，经过德国科学家所做的基因研究，肯定了这一种人乃是亚洲古代的人种。现在，基因研究学者已经从若干亚洲人种基因的选样之中，找到了丹尼索瓦人的基因。

亚洲大陆上的古代人种成分还有待进一步的研究，将来找到的结果可能和欧洲现代人一样——亚洲古代人种基因也保留在今天的亚洲人身上。这种解释的方向是人类的多样性。来自非洲的"现代人种"，往北方的欧亚大陆扩散；居住在各地的人群，各有其演化过程，又有不断迁移过程中的分分合合以及因此而生的基因扩散。也就是说，欧洲、亚洲各地的人类，确实会有相当的同异。总之，我想可能的情况是，亚洲和欧洲的人种是有一些不同，但都是"现代人种"的一部分。

欧亚文化的不同，根源于旧石器时代

回到古代文化本身的特色来看，亚洲和欧洲，都从旧石器时代的采集和渔猎生活，一步步发展到新石器时代的定居农业。仔细比较这两个地区的发展形态，我们也能看到其间相当不同的发展途径。两者的差异，决定了后来文化发展的不同形态。那些影响发展方向的因素，可能到今天还存在于两个地区。 不同的人群，身处不同的自然环境，会各自发展相应的行为模式和社会结构。 我们也许可以借用生物基因的观念，称这些特质为"文化基因"。

以中国而论，在从旧石器时代到新石器时代的过程里，有所谓的中石器时代，亦即以渔猎、采集为生的阶段。 中国的考古资料中，并没有显示出明显的区隔，整个过渡是和缓的。 新石器文化是距今七八千年，甚至一万年左右的时候出现的。 那时，亚洲东部的中国，北面发展了小米种植的农业文化；南面，也就是长江以南，发展了稻米种植的农业文化。 在这个基础上，很快各地都发展出了发达的新石器文化。

在新石器文化的前一个阶段里，也许我们可以说，距今九千年到七千年的时候，出现了几个发展得非常复杂的新石器文化，如仰韶文化❶。 今天我们也许不必用"中原仰韶"来涵盖其他地区，我们要注意的事实乃是在新石器文化前期最鼎盛的时代，中国这个地区至少有五种高度发展的文化形式出现。

---

❶ 仰韶文化 1921 年首次发现于河南渑池仰韶村的新石器文化，分布于黄河中、下游，经济生活以农业为主、渔猎为辅。 一般认为属母系氏族公社制的繁荣时期。

在中原一带，从仰韶文化到龙山文化● 期间，已经出现了相当大型的村落，每个村落人口为数不少，并且小米农业相当发达，象征着人类文化面貌的陶器也有了非常精美的彩绘。村落之中，也有相当多的防卫设施出现。当然，地区性文化会呈现出个别独特的面貌。村落之中，已经有富贵与贫贱的差别——表现于墓葬，实际上已经是相当复杂的社会。中原新石器文明的前半段，虽然复杂，但没有特别引人注目之处，彩绘的陶片相当精美，烧制技术也不错，然而并未达到令人惊叹的程度。

沿海一带的情形可就不一样了。最北方辽河地区的红山文化●，有非常大的聚落，聚落与聚落之间阶层关系复杂。红山文化的玉器，在今天的玉石市场上还可以当作精品看待。红山时期的女神庙和领袖墓葬都规模宏大、结构复杂。

● 龙山文化　1928 年首次发现于山东章丘龙山镇城子崖的新石器时代晚期文化，分布于黄河中、下游，经济生活以农业为主，并且有较发达的畜牧业。沿海地区的龙山文化中常有薄而有光泽的黑陶，因此曾被称为"黑陶文化"。

● 红山文化　1935 年首次发现于辽宁赤峰（今属内蒙古自治区）红山，主要分布在辽宁西部一带。经济生活以农业为主，年代约与仰韶文化中、晚期相当。

山东的大汶口文化❶，特色是以高温烧制的黑陶，黑、亮、薄、精美。在大型墓葬之中，与黑陶共同存在的其他器物中，也有非常精美的骨制品。大汶口文化还出现了文字，我们今天固然还不能解读这种文字，但它是文字这一点不容置疑。大汶口聚落的范围非常庞大，一个大的村落所占的面积和墓葬的规模都表现出这个聚落人口众多，可能不下千数。村落内部阶级分化，贫穷与富贵之间的差别明显。

再往南走，在浙江宁波、绍兴地区，出现了良渚文化❷。良渚文化与其前身河姆渡文化❸有相当紧密的关系，并延续了数千年。良渚文化的特色是出现了"玉琮王"❹，其切割之细、雕刻之精美，令人惊叹。还有很多人工堆积的土山，显然是一些礼仪建筑——也许是祭祀上天的祭坛，领

---

❶ 大汶口文化　1959 年首次发现于山东宁阳堡头村，遗址位于堡头村西和泰安大汶口一带，从地层关系到陶器特征，都证明大汶口文化是这一地区龙山文化的前身。

❷ 良渚文化　1936 年首次发现于浙江余杭良渚镇，最具代表性的遗物是造型规整、表面光亮的漆黑色陶器，有相当发达的农业。

❸ 河姆渡文化　长江中下游新石器时代早期文化，发现于浙江余姚河姆渡村东北，其主要经济形式为农业。年代相当古老，约为公元前4800 年。

❹ 玉琮王　国家一级文物，1986 年出土于浙江省余杭县反山 12 号墓，为礼器或财富象征，是新石器时代良渚文化的玉琮之首，故称"玉琮王"。现藏于浙江省文物考古研究所。

神人兽面纹玉琮王

1986 年出土于浙江省余杭县反山 12 号墓，其切割之细、雕刻之精美令人惊叹。

袖们的墓葬就在这些土山下。良渚文化扩散的范围极为广大，从今天的浙江到苏北，这些土山处处可见。

往中部走，今天的湖南、湖北在当时是广大的湖沼地区，内陆湖广袤如海，这一地区的古代人类发展了种植稻米的农耕文化。其最盛的时期，就是所谓的石家河文化❶，不仅有许多复杂的村落出现，而且有广阔的遗址，中心城市周围有十来个次要的卫星城市，城市遗址的面积竟有数百万平方米。

这些大规模的新石器文化，达到了一定的文化高度和复杂程度，共存于亚洲大陆的中国。它们共同的特征是都超过了渔猎取食的阶段而进入农耕社会，村落分布相当密集。就考古而言，最发达的地区在陕西到河南一带，包括黄河以北的山西部分地区，在这广大的范围内，现已发现的仰韶文化遗址和后期的龙山文化遗址为数过千——这个分布密度是相当可观的。那时，中国的古代人类，都已经发展出了有相当高度的农业生产方式。

中国原始部落的崩溃与蜕变

在距今四千年多前，也就是公元前两千多年，亚洲大

---

❶ 石家河文化　1955 年在湖北天门石家河遗址群发现，年代约为公元前 2400—前 2000 年，其经济生活以稻作农业为主。

陆骤然发生了巨大的变化。变化的原因我们今天还不知道，总之，中国沿海的三大文化和华中地区的石家河文化都忽然衰败了：村落缩小，人口减少，文化水平降低。虽然一度出现文化转移的现象，但是似乎都不太成功。譬如，良渚文化向北推，大汶口文化向南推，江苏受到了很多混合的冲击，但似乎都不能挽回颓势。

这种文化衰退的原因究竟是什么呢？可能是气候，但那个时代的气候并没有太剧烈的改变，天气是冷了一点儿，但为什么受同样气候影响的其他地区，却没有出现这么大的变化呢？另一种解释是：这四个文化，都出现了精美的礼仪用品，并且都具有复杂的社会结构，也许正因为社会结构上下差距太大，上层的统治阶级以礼仪设施的建设与制作夸耀权力，如高高的土山、精美的玉件、难以烧制的黑陶等，过度消耗了人力与物力，导致社会崩溃。

看上去并不起眼的中原文化，比如庙底沟二期文化 ❶，却没有发生太大的变化，人口依旧众多，生产力也并没有衰退。这一文化的脱颖而出，可能为建立后世中国以中原作

---

❶ 庙底沟二期文化　发现于河南三门峡市庙底沟，是仰韶文化向龙山文化过渡时期的遗存。所发现的陶器中以带绳纹、篮纹和方格纹的灰陶为主，仅有个别的彩陶。位于庙底沟遗址下层（二期），上层（一期）为仰韶文化遗存，故被称为"庙底沟二期文化"。

为发展中心的传统奠定了基础。庙底沟文化时期，渔猎采集的色彩还很浓厚，而庙底沟二期文化，却是相当纯粹的农业文化。西起今日的关中，东至河南东部，在这一条窄长的地带，沿黄河边上拉下来的古代文化，奠定了日后中原文化的核心。在这一基础上，中国古代文化逐渐从石器时代过渡到青铜时代。

中国古代传说中的夏、商、周三代中，夏文化所在的地区，正好和庙底沟中期最东边的二里头相近。今天的二里头遗址❶是一个相当宏大的聚落，聚落结构也很复杂，显然已经超越了农业村落，可以称得上是古代国家的首都了。合理的推想是，中国新石器文化逐步发展，从星罗棋布的农业村落逐渐融合成为几个大的文化区，终于形成中原庞大的核心地区。在这里，中国夏、商、周三代传续；也是在这里，发展出了国家形态，从原始的部落一步步发展成商代大规模的王国以及西周封建体制的王国。整体的发展过程，是内聚，是融合。这一地区面对的外来文化干预不大，外来的移民也不多，这是土生土长的文明体系。

---

❶ **二里头遗址** 位于河南偃师二里头村，于 1959 年发现。遗址距今约 3800—3500 年，相当于中国历史上的夏、商时期，属探索中国夏朝文化的重要遗址。1960 年考古学家在二里头遗址的上层发现了一处规模宏大的宫殿基址，为中国迄今发现的最早的宫殿建筑基址。

欧洲古代文化不同的发展轨迹

　　西方文化的发展过程遵循了另一途径。欧洲新石器时代的农业文化其实是西亚地区两河流域❶和北非埃及地区文化的移植。在两河流域，公元前一万年左右，就已经发展出麦类的种植；紧接着，尼罗河地区也发展出以尼罗河灌溉为主的农耕经济。两河流域与埃及的古代文明驯化了今天人类食物中的很大一部分——动物中的牛、羊、骡以及植物中的麦类、豆类、橄榄，都在西亚和北非为人类所用。今天的欧洲，要到公元前六千年左右，才有一批批来自西亚的移民进入此地。他们和当地原来的住民聚落接触，改变了当地居民的生活方式和聚落形态。

　　欧洲的村落长期地保持了渔猎和采集文化的特色，在欧洲新石器时代的前期，中石器文化的特色延续甚久，那些细小的、尖锐的石件镶嵌在木棒和兽骨上，以作为猎具和武器。细小的钓钩、渔坠，都长期保留在欧洲的新石器文化遗址之中。

　　在中国，新石器文化没有维持多久，石制的农具就占

---

❶ **两河流域**　即美索不达米亚（Mesopotamia），源出希腊语，意为"河间地区"，指底格里斯河和幼发拉底河两河流域平原，是世界古文明发祥地之一，曾建有巴比伦、亚述等古国。

了器物的主流。耕种用具，像今天的耙、铲、锄、镰，在中国的新石器文化遗址中随处可见；在欧洲，却是要等到西亚文化的因素经由移民带入欧洲之后，才显著增加。

在公元前五六千年，巴尔干半岛地区出现了这一西亚文化的因素，一步一步向西发展，经过两千年之后，到公元前三四千年，才到达大西洋边上。而且，这些新石器时代后期的欧洲村落，都呈现一个特色：位于道路边的村落农业发达，但位于道路两侧山边上的村落，渔猎和采集的色彩还是非常浓厚。语言学家认为，欧洲交通路线两侧的偏远地区，今天还存在着一些古代语言的遗迹，譬如，巴斯克语❶这一古老的语言，不仅存在于南欧，也存在于法国。

也就是说，欧洲的发展似乎是两种文化的叠合——在古代文化的基础上，加上一层西亚、北非农业文化的影响。这些文化的传入可能是移民带入的观念扩散的结果。欧洲新石器时代的发展形态，呈现出与中国迥然不同的面貌：农业文化是外来的，取代了渔猎、采集文化，而在边缘地区，还有原有文化残留的痕迹。欧洲的新石器文化的发展形态，不是内聚型的融合，而是外来者的取代和演变。在

---

❶ 巴斯克语（Euskara）　一种孤立语言，使用于巴斯克地区（西班牙东北部的巴斯克和纳瓦拉两个自治州以及法国西南部）。

人类饮食文化的演进史上，没有一种动物或植物食料是在今天的欧洲驯化的。欧洲对农业的发展本身并没有原创性的贡献，而是经由外来文化扩展和移民造成的影响，才进入农业生产社会。

让我们回想你我儿时读过的故事《小红帽》：小红帽要穿越森林，才能到达林中的祖母家，她一路采集林中可以找到的莓类水果带给祖母，却碰到了等候在此的大饿狼。这个故事反映出，欧洲长久保留着采集文化的生活方式，甚至到了中古时期，欧洲的村落还保持着林地、牧地和农地三种生态。时至今日，欧美饮食仍以食肉为主，采集的蔬菜和水果为辅——沙拉是采集来的，烤肉是猎来的或牧养的食物。旧日中国的一般百姓，平时不轻易吃肉，基本以素食为主，只有在重大礼仪的场合或是富贵人家才有荤腥食物。中国农村没有林地和牧地，只有农田、果园和菜圃。

从这些对比中可见，中国和欧洲在古老的文化发展阶段就呈现出不同的形态，也经历了不同的过程。两者的汇合，要等到近代才显然可见。从古代到近代，中国文化和欧洲文化之间经过间接的交流，不断地接收着彼此的信息，但是，两者依然有着巨大的差别，两个地区的文化，自古以来"走"着完全不同的方向。

印欧族群扩张的砝码——马

　　欧洲的新石器时代文化，主要是当地的一些民族在接受了两河流域的农业文化以后发展起来的。前面已经说过，新传播进来的农业文化，在大陆上逐渐向西发展，花了将近两千年的时间，才将欧洲大陆转化为一个兼具渔猎采集和农业生产生活方式的地区。现在我们要叙述的是新石器时代晚期和青铜时代早期的发展。这个故事，要从驯养马匹说起。

　　人类此前已有畜牧的生产方式，将牛羊类等温驯的动物驯服，在人类的控制下繁殖，为人类供给食物、衣服甚至生产用具。但当牛羊活动范围内的食物不够时，牧人必须有能力驱赶牲口觅食。畜牧社会要转变为游牧社会，条件是要有马匹的驯养。马身体壮健，奔走迅速，性情温和合群，也服从指挥。

　　人类驯服马匹的历史发源地，到现在为止我们可以找到的依据，几乎都指向亚欧大陆交界的地区，就是今天中国西北侧土库曼斯坦等五个内亚小国。再往西走进入欧洲大陆，高加索山以南、里海以北是个优良的牧场。根据目前所知的证据，大概公元前四千年，人类已经开始驯养马匹作为劳动力，而不是作为食物。这个地区在全球气候比较温暖的时候，水草丰美，也不受蒙古高原冷气团的影响。因为此地在蒙古高原的西面，东北风不会吹到这里，西北风带来的乃是波罗的海地区比较湿润的气流。总而言之，这个地区的天然条件，为居民驯养马匹创造了优良的环境。

大约公元前两千五百年，人类就发明了用马拖动的运载工具。原始的马车是载重用的，人们也曾用牛、驴来拉车，轮子也是原始的两块大圆木，车子也不是很大。公元前两千年左右，马拉的轻车已经成型了。快速的马车使该地区人群的活动范围扩大了。

前面说的地区，我们认为，就是高加索人种的繁殖之地，其中重要的一支——雅利安人❶，使用的乃是印欧语系。这些有马拉战车的印欧民族，在公元前两千年左右开始向外扩张。也许是因为那个时候亚欧大陆的气候开始进入小冰期❷，气候寒冷，本来水草丰美、足以繁殖牲口的地方，不足以维持那么多的人口了，于是这些人必须向外移动。

距今四千年左右，似乎亚洲大陆各地都发生过一连串的事件。东方的部分以后再说，我们先说西方的部分：印

---

❶ 雅利安人（Aryans） 欧洲 19 世纪文献中对印欧语系各族的总称。从印度和波斯古文献的比较研究中推知，远古在中亚地区曾有一个自称"雅利阿"的部落集团，从事畜牧，擅长骑射，有父系氏族组织，崇拜多神。

❷ 小冰期 全新世最暖期之后气候相对较冷的时段，延续时间数百年。其间平均气温比 20 世纪 70 年代时低 1—2℃，比第四纪更新世冰期高 2—6℃，范围也较小，故名。

欧语系的高加索人种陆续迁移，延续约有一千年之久。往南，他们经过长长的中亚走廊，奔向南亚，跨过兴都库什山，进入印度次大陆，一拨儿又一拨儿地，后来者覆盖前一拨儿的移民层，造成后来印度复杂的阶级社会。

不过，南亚的故事不在我们今天的讨论之列，此处要论述的主要是他们向西方的拓展。印欧民族向西发展的路线，一条是经过里海、黑海进入地中海，另一条是在黑海以北向西开展。顺着波罗的海的南岸是一条路，顺着地中海北岸是一条路。在这两条路线上，印欧民族也是一拨儿一拨儿地向西推进，花了将近一千年的时间，最后一拨儿大概到达了今天的爱尔兰。

我们此处所讲的历史事件，乃是向南的一拨儿，亦即经过里海、黑海到地中海东岸的一支。这一拨儿印欧族群的扩散，在古代历史上留下了几次重大影响。在两河流域，他们建立了国家，如赫梯❶（西台）、米底❷，都是印欧民族重

---

❶ 赫梯（Hittites）　小亚细亚中部古国。约公元前 17 世纪建国，约公元前 1595 年侵入两河流域，吞灭古巴比伦王国。公元前 8 世纪，赫梯并入亚述版图。

❷ 米底（Media）　一个以古波斯地区为中心的王国，领土面积最大时，西起小亚细亚的卡帕多西亚，东至阿拉霍西亚西部。他们隶属印欧语系，是第一批在伊朗高原地区定居的民族。亚述的入侵，促使米底各部落走向联合，从而形成了米底王国。

要的据点。他们曾经攻击过两河流域的城邦。他们引进了战车，亚述帝国❶也因此兴起。更往南走，喜克索斯人❷进入埃及尼罗河流域。从公元前18世纪到公元前15世纪，喜克索斯人征服、统治了埃及。他们带来的马匹使埃及人十分恐惧，因为南方的埃及人从来没见过这么大的动物，它们行动迅速、喷气如烟。

印欧民族的统治形态和对中、欧的不同影响

在欧洲历史上，这些印欧民族的迁入，标志着欧洲终于成为雅利安人的天下。在公元前一千五百年左右，他们之中有一个族群进入希腊半岛，往南推进，在希腊半岛建立了许多城邦。还有一些人在半岛的"尖端"，放下马车，驾驶快速的长船，成为海上民族，攻击地中海东岸的许多城镇。这些民族，无论是乘船的还是乘马车的，都在地中海东岸小亚细亚区域（安纳托利亚）建立了许多城邦。这一

---

❶ 亚述帝国（Assyria） 古代西亚的奴隶制国家。公元前20世纪初，亚述建国，公元前8世纪后半叶成为庞大的军事帝国，公元前7世纪后半叶转衰。

❷ 喜克索斯人（Hyksos） 约公元前1720年由亚洲经西奈半岛侵入埃及的游牧部族，喜克索斯人第一次把马和战车带入埃及，约公元前1570年被埃及人逐出。

下跪祈祷的亚述国王，亚述帝国图库尔蒂－尼努尔塔一世

（Tukulti-Ninurta I,？—约前 1208）宫殿中的雕刻

马拉战车的印欧民族，公元前两千年开始向外扩张，亚述
帝国即因此兴起。

批印欧民族进入希腊以及小亚细亚等地，是欧洲历史开始的
重要标志。

　　早期欧洲历史的重要部分——希腊文明，是这批印欧
民族在原来的迈锡尼文明❶、米诺斯文明❷的基础上建立起来
的。希腊城邦制度在今天被视作民主政治的原型，其实真
实面貌并非如此。两河流域早就有城邦，乃是中东古代居
民的宗教和商业中心；希腊半岛上的城邦，则是征服民族建
立的堡垒。征服者的战士们据守城堡，他们的奴隶也居住
在城里，城外则是被征服的土著族群居住的地区。城邦的
公民乃是战斗部落的战士，凭借军事民主制集合为战斗体。

　　军事民主制乃是战斗部落发展出来的选举领袖的机制。
在亚洲大草原上，东奔西突的战斗部落，早到印欧民族武装
移民，晚到蒙古人遴选大汗的部落聚会，都由战士们推举出
最能干的领袖，带领他们作战。这一机制的本质乃是战士们
共同决定战斗部落的事务，其中并没有深文大义，也谈不上
尊重人权。希腊城邦里，有投票权的公民人数不多，奴隶和

❶ 迈锡尼文明（Mycenae）　迈锡尼是伯罗奔尼撒半岛（南希腊）东北
部的古城。19世纪70年代起，迈锡尼城被发掘，发现巨石建筑及大
批金银器物。迈锡尼及其附近的遗迹和遗物，统称"迈锡尼文明"。
❷ 米诺斯文明（Minos）　爱琴海地区的古代文明，出现于古希腊，是希
腊克里特岛青铜时代中、晚期文化。

被征服的土著佩拉斯吉人 ❶ 没有参政的权利。 这些城邦并不是我们想象中那样理想的民主政治体，而是战斗部落的战士们组织成的具备有效攻击力、共享掠夺成果的族群而已。

印欧民族的发展，往欧洲西部迁移也是如此过程，那些故事随后再说。 尤其是在公元前后三四百年间，所谓蛮族 ❷ 入侵的时代，又见印欧民族大规模移民的现象。 因此，欧洲的历史，就是一个外来移民武装开拓的故事。 靠掠夺、占领和征服，移民取得了大部分欧洲的土地，他们终于遍布欧洲大陆，将欧洲转化成白人的大陆。 后来，领主据有一片土地，属下战士统治了一群农民，这些农民和领主及其属下战士往往不是同族。

前面说过，历史发展的过程，就是以交流接触和融合构成更大的文化体的过程，中国文化与欧洲文化，两者呈现出不同的演化形态。 新石器文化时代以后，中国的发展使农村居民安土重迁，因此容易形成文化核心。 而欧洲的传统则是战斗部落统治土著居民，战斗部落一定要保持长期的战斗精神。 战争、掠夺和占领，使印欧民族治下的欧洲社会具有强大的进取心和积极性。 他们对于提升战斗技术的

---

❶ 佩拉斯吉人（Pelasgians）　希腊地区的古老原住民族。

❷ 蛮族　古希腊人和罗马人对其邻族（日耳曼人、凯尔特人）以及其他亚非民族的蔑称。

执着，可以从欧洲奥林匹亚的传统中看到：奥林匹亚大会乃是希腊地区印欧民族定期举行的竞技聚会，是为了考验武士们的武艺，并不是为了娱乐。这种尚勇好武的传统，一直到今天仍是西方社会和生活中的一个重要部分。农业社会的生活缺乏这一诱因，没有发展出同样的好武精神，也没有经常迁移和掠夺的传统。中国历史上大规模的迁移都是从北往南——北方的强悍民族进入中原，而中原的民族往南移。这个情势与西方印欧民族的攻击性和扩张性，有相当大的差异。

再回头说到印欧民族发展的马拉战车文化。马车在东方出现，同样也产生了巨大的影响。实际上，中国也曾经有过牧养牛羊的生产方式。

新石器时代晚期，在今天的内蒙古大草原上，从西到东都有过相当古老的细石器和新石器。在今天的河套一带，曾经有过朱开沟文化❶，在公元前一千五百年（或一千八百年）到公元前一千两百年之间，势力相当强大。根据早期周人的传说，他们曾经生活在牧养文化圈之内，然后脱身南

---

❶ **朱开沟文化**　因发现于内蒙古自治区伊金霍洛旗朱开沟遗址而得名。朱开沟遗存以鬲、甗、三足瓮等陶器为主体构成比较稳定而独具特色的器物群，同类遗存不但分布于内蒙古中南部，还见于晋中和陕北地区。

移，进入今天的陕西，发展成西周的农业文化。

从《周易》中的传说来看，殷商的祖先曾经在河北的冲积平原上和当地的牧羊人相处。他们的生活，也是以放牧牛羊为主。王亥——商人的祖先之一，就曾经为了争夺牛羊群和有易氏❶的君主发生过冲突。但不管朱开沟也好，河北地区的古代有易国也好，都不像是游牧民族，他们都没有进行过远距离的迁移。

战车传到中国，必定有其影响。传说从夏代开始造车，但是至今还找不到证据加以证实。中国商代的战车和西亚、埃及的战车，基本结构相当类似。商代能够建立庞大的王国，建成这么巨大的政治体，统治中原数百年之久，可能就是因为他们有了青铜，也有了战车。西周兴起于西边，一个不太大的民族，居然能够击败"大邑商"❷，成为中原的主人。从交战经过来看，西周用的革车，似乎是当时相当特殊的战斗工具。西周能够以数百辆战车击败为数十万的殷商步兵，应当也是由于特殊武器的优势，包括战车，也可能包括铁制的长剑——这些都是后话。

---

❶ 有易氏　夏和商代初年小国，相传族居于今河北易水流域。《古本竹书纪年》谓商王上甲微灭有易氏，其事远在商汤灭夏以前。
❷ 大邑商　出现于殷墟卜辞，指商朝王都。后世用来称呼商朝，与出自《尚书》的"小邦周"对应。

商业传统成为中、欧统治形态差异的原因

我们现在要讨论的是：印欧民族往南冲、往西冲，为什么没有往东冲呢？地形的限制可能是一个大的因素，因为内亚地区往东走基本上不是崇山峻岭就是沙漠地带，不宜居住。据历史记载，汉人和匈奴对峙的时候，曾活跃在今天甘肃一带的大月氏❶，可能就是印欧族群建立的国家。匈奴和汉帝国对抗的时期，大月氏往西迁移到今天的阿富汗一带。这个故事说明，印欧语系的雅利安人不向东发展，不一定是不愿意，而是地形的约束使他们宁可向南、向西发展，最终造成全欧洲的印欧化。

当然，公元前一千多年的印欧扩张，地中海东区为最重要的范围，欧洲大陆上蒙受的影响还并不显著。欧洲大陆广泛的印欧化已如前述，应该是在公元前后三四百年，大规模蛮族入侵的时代才完成。无论如何，欧洲长期继承了战斗部落的文化特质——这也是他们的文化基因，使得他们不断扩张，永远"进取"，相比中国呈现的安定和内敛，的确有显著的不同。

---

❶ **大月氏** 月氏是起源于乌拉尔山，居住在河西走廊、祁连山一带的印欧人种游牧部族。汉文帝初年，月氏的大部分人从敦煌、祁连间西迁至塞种地区（今新疆伊犁河流域及其西方一带），称大月氏。

希腊的许多城邦和希腊北部的一些其他王国，长期各自独立，集合为多元的群体，却没有构成一个大帝国，马其顿王国❶兴起，才将整个希腊世界统一为亚历山大❷的帝国。数百年之久，这些邦国紧密联盟，一致对外。除了希腊半岛上的许多城邦外，连小亚细亚和黑海沿岸的印欧民族城邦，也都团结在一起，共同抵抗外族。传说中，许多城邦联军曾经共同攻打特洛伊，这就是《木马屠城记》（《伊利亚特》）的故事。他们也曾集合希腊城邦的力量，共同抵抗两河流域东边出现的波斯大帝国，从而使地中海东岸没有被波斯帝国❸吞并。希腊城邦不断殖民，在地中海东岸，包括意大利半岛和非洲的北岸，都有其殖民群建立的城邦。这些殖民地和母国亲密得像一家人，但并不受母国的直接统治。这种殖民的统治形态与东方王国扩张之后归入宗主国统治的形态很不一样。

---

❶ 马其顿王国　巴尔干半岛中部古国，与南邻希腊久有来往，并采用希腊文字。经三次马其顿战争，公元前 2 世纪中叶并入罗马版图。

❷ 亚历山大（Alexandros，前 356—前 323 年）　马其顿国王（前 336—前 323 年）。在东起印度河西至尼罗河与巴尔干半岛的领域内，他建立了亚历山大帝国，死后帝国迅即瓦解，随之形成一批"希腊化"国家。

❸ 波斯帝国　波斯人为印欧人的一支，约公元前 2000 年代末叶从中亚细亚一带迁至伊朗高原西南部。帝国文化多受两河流域影响，使用楔形文字，在建筑、雕刻艺术方面有成就，尊奉琐罗亚斯德教为国教。

欧洲人根据特洛伊故事绘制的镶板画

特洛伊王子诱拐了斯巴达王后海伦，从而引发了长达十年的特洛伊战争。最后，希腊军队利用木马计，攻克了特洛伊城。

追究根源，我想，这种殖民的城邦学习了两河流域古代城邦的传统——以商业为主，是商业的据点，不是领土的扩张。两河流域古代的城邦，从两河的下游开始，发展成为一个个商业和宗教中心，增加了商业活动的内聚性和团结力。城邦是一个庞大的商业活动集合体，他们集合全城邦的力量，取得远方物资，然后转运贩卖，获得利润。希腊城邦和他们在东地中海的殖民地，大多是商业活动的重要据点，让非洲、西地中海的物资经过这些商业据点的转运、贩卖，谋取利润。今天考古所得，东地中海古代沉船都载运了商品。前面所说的海上族群，在快速行驶的长船上，两排水手奋力划船，这些快船既可以运送货物，也可以作为攻击、劫掠的战具。

远程的商业活动、殖民组织以及繁密的交通网，这些特质在欧洲的发展史上成为一个长期继承的传统。在近代的世界，大英帝国的扩张又一次呈现同样的例证。因此，如前面所说，从开始用马拉的战车到部落移民，终于扩散到整个欧洲，这个古代重要的民族扩张事件，形成了欧洲文化传统中几个很重要的文化特色。

对比中国古代的面貌和欧洲印欧化过程中发展的面貌，我们看到，其间各自保存的传统，终于在后来两三千年的发展过程中分道扬镳，各自发展相应的价值观念和社会制度。

第二章

中西上古政治制度的比较

在上一章中我们看到，中国和欧洲两个地区的古代人类各自走了不同的道路：中国人选择了定居的农业，欧洲的古代人类则是不断地征服和扩张。从这个点出发，我们还要看看，他们在当时的条件下，创造出了什么样的社会价值。

"夏后"是部落联盟的领袖

先来看中国。黄帝的传说是最古老的传说之一，可是那些传说的内容显然是后世加上去的。因为黄帝的年代距今五千多年，不可能有那么完备的制度，许多归在他名下发明的事物，也不是那时候出现的。我宁可从夏禹的传说讲起。夏代起源的传说是从尧、舜、禹三代的禅让开始的，尧、舜在位的时间都很短，而且没有太多具体的故事可以说，禹的传说却非常重要：一部分是王位禅让的故事；另一部分则是他在中原治水的故事。禹的儿子继位，才有了所谓"朝代"和父子继承，亦即有了制度化的国家组织。

从今天的考古学上看，河南东部二里头一带可能就是夏人活动的地方。关于新石器时代的农业发展和聚落形态，有一些可以依据的资料指出，农业在这一地区已经有了一定的发展，聚落的规模也相当大。河南东部正是黄河三角洲扇形地带的尖端，古代黄河固然未必已是"悬河"——因堤防而高出地面，黄河所经之处是平坦的黄土地带，不免有泛滥的问题。而中国北方古代的主要农作物是小米，受不了太多的水，洪水之后，小米就颗粒无收。因此，大禹治水的传说背后所反映的历史，就是农田耕作必须有好的分水灌溉系统，疏和灌，这两件事情必须同时进行。

大禹治水的规模，不会如传说般大——整个中国河川都是由他疏通的，这是夸大的传说。若回到传说的核心，可能有一群与大禹同时代的人物，和他分工合作，努力疏导和开通河流，使得洪水既可以灌溉田地，又不至于泛滥成灾。这种规模比较大的水利工作，不能仅由一个村庄或一个聚落的人民自己进行，必须上下游的人一起进行。这种合作，不一定只有集权专制政权才能统筹协调，因为当时的水利灌溉系统毕竟不大，若干邻近的村落合作，大家便可以共享灌溉疏导之利。

传说，大禹曾经召集许多国家，号称"万国"，聚会讨论"天下"的事情。"万国"和"天下"，都是夸大其词。大概是，大禹或者大禹这群人，召集了黄河中下游附近数十上百个聚落的居民，大家一起合作，把洪水问题合理地解决了。当然，这种工作必须建立在互助合作之上，也必须有相当程度的组织，才能使数千人、数万人分工协作，完成这个任务。传说大禹对治水无比投入，工作期间三过家门而不入。他也聚集了一群很能干的助手。从这些人物的名字来看，他们来自不同的地区，这也许代表着，多个拥有数万人口的地区参与了治水工程以及治水以后的管理工作。传说大禹去世以后，大家本来可以仿照尧、舜，以推选的方式，选出新的领袖，但是出于对夏禹的感激，他们选择了夏禹的儿子，从此建立了世代相承的王国制度。

传说中，"夏后"的称号不是王，而是众人的领袖。因此，夏朝的政治团体或社会团体可能不是王国，而是许多聚落的联盟，他们的领袖并不是专权的王。据传，到夏代的中叶，曾经有权臣篡夺王位。我们必须了解，当时未必有什么"权臣"的观念，夏集团的领袖，也未必必须是大禹的子孙。所以，夏代中断，由其他人做领袖，也并不是不可能。

重建这一段传说，我们可以看出，当时因为生活的需要，他们必须发展新的组织形态，发展超越小区域的组织。

唐人所绘《禹授〈洛书〉传说图》，出自敦煌石窟藏经洞（第 17 窟）
大禹治水的传说，表明当时人已经有了较强的社会组织能力。

在大型组织之下，也必须有一定的社会价值观念或配套的途径，例如协商和协商以后的服从。经过共同商讨达成的协议，大家必须合作无间。长期的合作将数十万人的大地区凝聚成相当坚实的新单位，超越了村落和部落，就成为国家的原型。有了原型国家，公和私之间才会存在对立而互补的两种价值。公和私，乃是对立而又互成的观点。

"夏后"是领袖的位置，既然在传说之中是传承的，那么一个家族的领袖地位能够维持数百年，表明家族组织的稳固已经成为一个制度。

商代的王权更为强大

商代接续夏代，成为中原之主。商人本是中原地区东半部的一个边缘民族，也许由于他们有能干的领袖，也许由于他们所住的地方在黄河东部，有北方提供的马匹和铸造青铜的能力，殷商民族的武装力量便强于中原那些农耕聚落。商代建立的王国确实比夏代强大，因此，殷商的领袖称为"王"，而不是夏代的"后"。

商代留下的甲骨卜辞，提供了不少相当清楚的史料。商代前半段，首都不在安阳，我们没有大量的卜辞资料作为重建历史的依据。从其后半段历史来看，商代对于王室的祖先非常尊敬。商代领袖的主要职务是通过宗教活动，请求他们的先公、先王作为媒介，向山、河、风、雨这些对人们生活有重大影响的自然力量祈求保佑，避免灾害。先公、先王占据着人神之间交流媒介的重要位置，已故的祖先经由神秘的渠道，对子孙的生活施以一定的影响，祖先死后也有巨大的威灵——这反映出对祖先的崇拜。

中国古代的祖先崇拜，可以说是从死灵崇拜发展而来的。这一转化，必须有对家族血缘的观念和认知，才能经过家族系统，去祈求祖先的保佑。家族观念能够存在，必须有稳定的传承。农业村落，尤其是在掌握水利之后，不必经常开发新田地，就形成了在相当长的时间内安土重迁的小区域。也是在这种安定之中，一个族系的长期传承才成为可能。

有了祖先崇拜，显然，也会有对传统的尊重，凭借宗族和婚姻关系延伸出的网络，也成为链接、合作的系统。于是，家族伦理和尊重传统这两个观念，数千年来逐渐建构为影响中国人行为的价值尺度。

商王的原始身份，也许只是能沟通神与人的大祭司，后来才兼有世俗领袖和神圣领袖的双重身份。商王必须依靠祝、宗、卜、史这些专业人员，来与神明和祖先沟通。有了这些人，古人才能根据前例，归纳出一些原则，解释神示的意旨。这就意味着，有一群专门从事知识工作的人——也就是第一批"知识分子"，他们的工作就是为社群、为众人的福祉找到最有利的方案。

知识分子或者宗教人士在人类历史上的特殊地位，在许多不同地区都有体现，并不是只有农业民族才有。商代的这些人未必靠降神，而是从知识累积中获得启示，其理性化的成分与一般的巫术仪式相当不同。这个特点显示，商代的"知识分子"对知识和理性思考有一定程度的尊重。

商代考古学和古代数据显示，商人应已发展出了三种价值观：第一，对亲人组织的重视；第二，对传统的重视；第三，对知识的重视。

公元前 16 世纪以后，殷商疆域扩张，王权也相应扩大。商王竟有"下帝"的称号，俨然相对于"上帝"，与之有同等的位置。这个发展，乃是后代"天命"之说的滥觞："王"的位置和"天"同列。西周兴起，在"王"与"天"之间，又有了新的界定，王毕竟只是承受天命的统治者，而不是天。

周人将"天命"观念与祖先崇拜合二为一

西周代替了商，成为古代重要的朝代。西周本来不过是商王国西边的一个附庸小国，据西周的历史传说，他们曾经"陷于戎狄"，不在农耕文化圈内，后来才恢复农耕。他们的祖先后稷，就是农业之神。究竟他们是先有农业，然

西周玉柄铁剑

这是中国最早的铁剑。1990 年出土于河南省三门峡市虢国墓，现藏河南博物院。

后才成为牧人，还是根本就是从牧羊文化逐渐转变成农耕文化的呢？毕竟，周人的盟友羌族可能就是牧羊民族，此处不必讨论。目前我们只要指出，这一个自认为是农业民族的附庸小国，居然击败了强大的"大邑商"。

殷商盛时，以豫东为腹地，疆域跨有黄河中下游，势力范围则从河北中部延伸到长江江滨，东面的山东、苏北，西面的华山一带，都是从属。殷商地跨黄河、淮河和汉水流域的广大地区，而居住在关中的"小邦周"，竟然能击败这个庞大的王国，取而代之，成为古代中国的主人。我个人的解释是，他们在武装力量上大概有相当的优势。西周在关中，地接西北的草原，可以得到良马。据说，周人的武器中有一种黑色的长剑，他们很可能已经获得铸铁的能力，并用铁铸的兵器打败了使用青铜戈的商国军队。

无论如何，西周之胜，使他们觉得自己有特殊的地位，获得了天神的眷顾。西周人居住的地方确实与牧羊文化的西北草原非常接近，他们如果真的从牧转农，并且发生在草原附近，那么他们可能就是从草原文化里接受了崇拜苍天的信仰。苍天垂顾周人，使这个小邦击败了商王国。如此奇迹，使他们必须寻找解释。为什么他们是上天选择的对象？这种解释有两个可能的发展方向：第一，周人是上天的"选民"；第二，周王被挑选为新的王者，承受天命，创建新秩序，接下统治天下的重要工作。

在西周获得胜利后，针对这一伟大的功业，周人的领导阶层确实有过一场辩论：有一派认为是上天垂顾周人，假如以这一点为解释，那么周人将如以色列人，自命为上帝的"选民"。辩论的结果是，他们选择相信周王得到了上帝的眷顾，应天命而得王位。于是，周人建立的新秩序，乃是"天子"受命拥有"天下"，周王是具有天命的领袖。在这种情况下，商王自认是"下帝"的观念，转化为西周的"天命"观念。

周人必须解释，为什么前朝的统治者不能得到天命？他们是这样解释的：因为周人的先王们比商王更道德，并且周人是朴实虔诚的民族，不像晚期商人贵族那般嗜酒、不恤人命。如此，周人用道德观念来解释政权的合法性：天命垂爱那些照顾百姓的王者。这是一个重要的文化基因，它意味着国家的领袖必须具有道德修养和能力。"天命无常，唯德是亲"❶的观念，从此成为中国组织或是国家对领袖的期待。

周人统治东方，分封亲戚子弟，创建了一个前所未有的封建系统。诸侯经由周王，才能上通天命。在这一安排

---

❶ **天命无常，唯德是亲** 《左传·僖公五年》："皇天无亲，惟德是辅。"提出了天对王的告诫：上帝赋予的天命并不是固定不变的，上帝只辅助有德行的人。从而构筑了一整套新的统治者"以德配天""敬德保民"的理论。

下，周代君主的权力，是将对"天"的崇拜和对祖先的崇拜合二为一——周天子既是家长，又是君主。宗统与政统，相叠为一。

周人的诸侯分别在各个重要的地方建立基地，但他们必须与当地居民，尤其是原来的领袖们合作。青铜器上的铭文和历史文献，经常记载着分封诸侯的指令，大意是：必须尊重当地原有的风俗习惯和法令制度，也必须和当地的领袖们建立亲戚关系。

这一个巨大的封建网络，实际上是周人和当地地区性的民族进行长期融合的机制。在长期融合中，各种地方文化也就逐渐涵化于周文化。所以周人的封建制度不仅是一种统治机制，而且在历史上反映出其长期涵化网络的特色。周人理想的"王道"，意味着这一社会只有尊重别人，也只有容忍别人，才能建构一个注重和谐与合作的新秩序。在周代的封国遗址中，考古数据都呈现出多种民族互相融合的现象。

总的来说，夏、商、周三代的变迁，反映了中国文化系统陆续建构一系列社会价值观念的过程，这些社会价值观念存留在中国文化传统之中达数千年之久。此后，中国的列代王朝都用"天子"的名号，号称"奉天承运"❶，中国也

---

❶ **奉天承运** 奉：遵照；奉天：遵从天意，指皇帝受命于天；承运：继承新生的气运，指君权神授。

一直自居为"天下"，而不是列国之一。到后来，又经由一些思想家，如孔子、老子等，将这些重要的社会观念阐释为中国思想系统。这是另外一章的问题，在别处再作讨论。

雅典和斯巴达制度之间的差异不大

由于希腊文化的出现，欧洲第一次进入世界历史舞台，所以现在我们还是从古代希腊历史开始讨论。

诚如前面所说，希腊的形成是由于印欧民族一批批地迁入希腊半岛，不再赘述。此处要讲的是，公元前1841年到约公元前2世纪，相当于中国的春秋战国时期，也是希腊文明迅速发展、呈现出显著影响力的时期。希腊的政治体制是城邦制，后期才有王国出现。我们一向认为希腊有两种制度，一种是雅典代表的民主制度，一种是斯巴达代表的"寡头政治"，其实两者之间的区别并不大。

雅典城内有十个移民的大族，每一个大族推派五十名代表，组成五百人议会，再在这个议会的基础上选出"百人会"，作为常设的议会。然后，"百人会"又选出执政官和其他官员。雅典的直接民主反映在，他们的公民可以在聚会时提出驱逐某一位会影响雅典民主制度的官员，他们也可以罢免当时的政府，立刻更换执政团队，这些是雅典民主制度的特色。不过，雅典的公民人数并不多，如果雅典城邦有四五十万人口，那么有权参政的公民最多只有五分之一而已——妇女、儿童不能投票，真正的公民人数其实很少。所以，这也不过是一种变相的"寡头政治"而已。

斯巴达的"寡头政治"，是由一个议会选举两个王——一个正王，一个副王，再加上一个执政官。这两个王是军事统帅，执政官才是真正的行政首长。不过，斯巴达全国的男性公民从儿童时期起就开始接受严格的军事训练，斯巴达的政治制度呈现出军事专政的色彩。

雅典和斯巴达的政治制度之间的差别并不十分显著，很多人认为斯巴达的民主不如雅典，其实二者相比也不过是五十步笑百步而已。

雅典有"放逐"制度，即公民有权罢免和放逐官员。但是在行使这个权力的时候，经常出现的情况是公民赶走了真正有才干的人，因为他们担心那些真正有才干的人会颠覆雅典原有的制度。他们曾经驱逐过最能干、最好的执政官，他们也曾经判处苏格拉底死刑。由此可见，雅典其实是一个非常保守的国家，不愿意接受任何制度改变的可能，这和真正的民主有相当的距离。

从公元前5世纪开始，希腊城邦集团和波斯帝国不断对抗，争夺统治地中海东部的霸权，持续了差不多三百年之久。著名的马拉松长途赛跑就起源于其间一次决定性的战争：希腊的一个传令兵从前线奔跑回雅典，报告胜利

"陶片放逐法"所使用之陶片

"陶片放逐法"是古雅典民众大会中的一种特殊投票法。每年初召开民众大会，公民将其认为可能危害民主政治的人的名字记于陶片上；某人票逾半数，则被放逐国外十年。

消息的故事。在那次战争中，雅典和斯巴达联合起来，共同抵抗波斯帝国的庞大部队。雅典的海军和斯巴达的陆军分别立功，为希腊赢得了胜利，波斯帝国侵略的野心从此打消。

紧接着，雅典和斯巴达之间又爆发了战争，这两大城邦各自纠集同盟，发动了长达一百多年的内战。战争期间，双方都和过去的宿仇——波斯帝国勾结，呈现三角战争的局面，丧失了当年希腊各邦联合抵抗波斯的精神。

雅典凭借其海军的优势，很容易就借海上交通联合地中海东部其他的希腊城邦，构成强大的军事联盟——提洛同盟，其海军力量曾击败了波斯的主力部队。日久之后，雅典以提洛同盟盟主的身份，胁迫参加同盟的其他城邦供给人力、物力，俨然成了一个大帝国。

这个情形使我们想到，第二次世界大战以后，美国以《北大西洋公约》❶的名义，挟制了欧洲国家的人力、物力。直到今天，美国在中东的战争还是以北约的名义进行——两个联盟的转变过程如出一辙。从古至今，一个由强国领

❶《北大西洋公约》 美国、英国、法国、荷兰、比利时、卢森堡、挪威、葡萄牙、意大利、丹麦、冰岛和加拿大于 1949 年 4 月在华盛顿签订的军事同盟条约。主要内容：缔约国实行"集体防御"；任何缔约国受到武装攻击时，其他缔约国必须给予援助，包括使用武力。

头的"联盟"，不过是另一种形式的霸权而已。

我们常说，斯巴达是男性公民皆军人的国家。是的，斯巴达的陆军的确非常强悍，但也不要忘记，希腊集团每个城邦的公民都是以武勇为先的。每四年举办一次的奥林匹亚大会，乃是希腊城邦青年们较量武艺的场合，也是各邦借此讨论希腊事务的场合。大会不只是较量武艺的竞技场，有文才的人一样可以在此朗诵诗歌或者表演戏剧。这是一个表现才能的舞台，也是促进希腊文化发展的力量。因此，虽然希腊城邦分散各处，但通过这种接触，加上商业贸易的来往，希腊文化保持了相当一致的特色。"泛希腊文化"❶ 圈呈现的是所有希腊城邦共同的成就，并不仅仅是雅典一处。

希腊文化终究还是一个崇尚武勇的文化，是侵略和扩张的文化。希腊人的移动性极强，每个城邦都尽量向外殖民，联系的向心力是利益。在扩张过程中，他们不断奴役其他种族的人民——战争的俘虏便成为奴隶。在这一点上，历史常常过度赞美了希腊的文明程度，我们一定要注意，希腊文明是建构在压迫和侵略的基础上的，80% 的奴隶人口，支撑起了一个占 20% 人口的统治群，才有如此优美的希腊

---

❶ 泛希腊文化　亚历山大大帝的征服，促成了不同民族间文化的融合，于是原有的古典希腊文化发生了变化。以古希腊文化与东方文化融合为基础，发展出一种新形态的文化，即"泛希腊文化"。

文明。仔细想想，这样的文明，说不上公道。

从希腊神话角度看欧洲文明

能够反映希腊文化特质的乃是他们的神话和史诗。根据他们的传说，希腊诸神的行为和性格，不像我们中国人想象中的那样"聪明正直"，他们的性格和凡人的性格一样，有人间所有的弱点。就以他们的大神宙斯❶而论，这位雷神击杀了自己的父亲，才成为大神——正如他的父亲击杀了他的祖父。三代继承，都是儿子弑父夺位。这种情景在游牧民族的领袖继位时经常出现。游牧民族需要有一个壮年领袖，当老年领袖不肯退位时，壮年领袖就会用武力推翻自己的父亲。

宙斯这位大神不能成为公正之神，也不能成为道德之神。宙斯行为淫乱，也非常偏私。众神之间的争吵妒忌，彼此的阴谋诡计，其丑恶之形象和种种肉欲，在诸神的传说中有充分的表现。

---

❶ 宙斯（Zeus）希腊神话中的主神。他是时间之神克洛诺斯之子，曾率众神向以父亲克洛诺斯为首的提坦诸神开战，历战十年，终于推翻提坦神系而建立奥林匹斯神系。宙斯威力无边，掌管雷电风雨，是诸神和人类的主宰。

庞贝古城郊外别墅壁画

宙斯行为淫乱，他的情人很多，壁画描绘了宙斯的怀孕的情人塞勒涅，腹中的孩子即是酒神狄俄尼索斯。

　　若是将希腊诸神和两河流域的诸神相比，两河流域的神明们会争吵，但他们可以在神庭开会解决问题。到了新巴比伦时代，民间信奉大神马尔都克❶。他原本不是一位重要的神明，但因他自告奋勇去和魔界作战，众神都赋予他一些法力，他就变成了最有威力的大神。马尔都克是救世主，他受苦难，也给予救赎——这就显示出两种完全不同的价值观念了。

　　希腊诸神之间的争夺、嫉妒和与物欲的斗争，也表现在荷马史诗《伊利亚特》和《奥德赛》中。如众人所知，这两篇长诗叙述的是希腊人围攻特洛伊的故事。特洛伊的王子帕里斯是一个美少年，天后赫拉、智慧女神雅典娜和爱神阿弗洛狄特这三位美貌的女神要求他裁决谁更美。爱神贿赂帕里斯，承诺将人间最美的女子海伦送给帕里斯做爱人——海伦是斯巴达的皇后。帕里斯带着海伦回到特洛伊后，希腊诸邦发动联军攻击特洛伊，想要夺回海伦。战争持续了十年之久。到第九年，希腊众将之中最胆怯却最擅长阴谋的奥德修斯用木马屠城计夺取了特洛伊城。战争之中，最正直、最勇敢的王子赫克托耳，击败希腊众将，无人可敌；希腊大将，骄傲的阿喀琉斯，在希腊诸将败于赫克托

---

❶ 马尔都克（Marduk）　古巴比伦神话中的"众神之王"，七星神中的木星。马尔都克本为巴比伦城的地方神，后被尊为两河流域的主神。

1880 年雷顿爵士（Lord Leighton）所绘油画《海伦在特洛伊城墙边》

特洛伊战争和海伦从荷马时代开始，渐渐成为西方经典的文化符号。

耳时，却不肯出阵应战，直到他的密友阵亡后，他才以报私仇的目的，出战击败了赫克托耳，还将赫克托耳的尸体拖在马车之后，巡城数周。

这种胜利者最卑鄙、失败者最正直的故事，却是其他文化的史诗中很难一见的成分。策划木马屠城计的希腊将军奥德修斯，从特洛伊战场回乡，航程中，各处女妖以声音迷惑他、以美色诱惑他、以柔情牵绊他。他回家之后，以诡计击败了追求自己妻子的情敌。奥德修斯在路上流连这么久，并没有在抵抗试炼，而是在经过试炼以后，终于摆脱试炼的过程，他其实并不能真正抵抗种种诱惑。另一个类似的故事是希腊主将阿伽门农凯旋后，被妻子和她的情人在庆功宴上毒死——却是不同的结果。

这些事件以中国人的道德观念看来，有些不可思议，但在希腊史诗中却被人歌颂。荷马这两首长篇史诗，乃是心理分析学的滥觞，他其实和后世心理分析学家弗洛伊德的观点相似：人的欲望本是自私，自私才激发动力。

若是跟随着《荷马史诗》分析的话，也可以说希腊人辉煌的战功和历史上的扩张乃是出于欲望，欲望转变为自私的动机，又激发出强大的动力。这种性格观念和文化特质，同本章前半部分所说的中国农业文明所呈现的道德观念相比，确实天差地远。以希腊文明为代表的这一战斗部落的侵略、掠夺的特色，也许就是欧洲能够发展为今日之文明的主要原因。

当然，基督教文明是如何运作在希腊文明之上的，又是如何因为自身的约束而僵化的，那是后面的事情，随后再谈。总而言之，希腊文明代表的古代欧洲精神，正如后来日耳曼传说的武士精神一样：浮士德博名求利，不惜把自己出卖给魔鬼，取得能力，建功立业。当然，浮士德最后向上帝忏悔，获得救赎。浮士德精神的前半段，恰好是欧洲文明的基本特色：求更快、更多、更好、更大，永远进取，动力非凡但不懂得节制，从而对其他人造成了伤害。

希腊政治制度基本上还是列国并存

我们必须承认，希腊文明确实为世界人类文明作出了非常可贵的贡献，他们的戏剧、史诗、艺术以及工艺都值得称道，尤其是在逻辑思维和哲学方面，有苏格拉底、柏拉图、亚里士多德这一串光辉的人名。如果没有他们，人类的文明不可能有今天的成就。能够做到这些，当然也是因为他们有强烈的成就动机。无可讳言，由于城邦的政治制度，这些身为公民的希腊人实际上并不需要劳作，他们有充足的时间作理性的思考和感性的尝试。在其他不同的经济制度下，比如说中国的农耕社会，就不会有如此一大群清闲的统治阶层，整日不必做其他事情，只是发展心智活动。关于欧洲古代的思想，我想在下文讨论到基督教的时候再说。

希腊的文学和艺术成就非凡，假如没有一无牵绊的自由，假如没有身为公民的自尊，这些成就便很难达到。几个条件叠加在一起：一个是自尊自重的心灵；一个是强烈的成就动机；再有一个是有生活的保障、充裕的时间，才有这一大群人物，可以投入创造文明的事业。

希腊的城邦制度在马其顿王国兴起后，转为另一政治形态。亚历山大领导马其顿的军队席卷希腊世界，东征西讨，建立了兼跨亚、非、欧三洲的大帝国。马其顿王国本来在希腊半岛的边缘，在希腊城邦联盟之内一般排不上号，但这个地处边缘的王国经过两代的经营，竟然后来居上，不仅统一了希腊半岛，而且从希腊半岛向外扩张。亚历山大大帝征服了小亚细亚、两河流域、埃及以及地中海东部大部分地区的边缘，这位青年君王年仅三十二岁，却建立了西方历史上跨越亚、非、欧的大帝国。

更重要的是，古典时代希腊的文化经过亚历山大帝国的阶段，成为"泛希腊文化"，使希腊的文化贡献遍布各处。今天，"泛希腊文化"所涵盖的地区，兼有亚洲大陆的一部分和地中海的一大部分。这个地区的区间贸易，规模比希腊时代更为广大。地中海地区的许多邦国都成为"泛希腊文化"传播和交流的地区中心。尼罗河口的亚历山大城是当时西方世界最大的城市，人口有一百万之众。此外，叙利亚和两河流域的大城市，每个城市也都有数十万人口。这种规模在当时是前所未有的。

　　古典希腊文明到了"泛希腊文化"时代，便真正成了地中海地区人类文明的综合体，吸收了两河流域和埃及的成分，经过亚历山大帝国的传承，转交给后来更为强大的罗马帝国。西方历史上的希腊时代、罗马时代，成为欧洲文明真正的开始。希腊文化的影响直接到达了中亚，再经过中亚，远达印度和中国。例如，犍陀罗❶艺术就成了希腊文化在东方的代表。

　　亚历山大时代，希腊文化与埃及、两河流域文化的结合，促成了后来犹太教向基督教转化的前期过程。当然，基督教真正形成要到罗马时代。在更早期的准备阶段，犹太教吸收了两河流域文化中"救世主"的观念，这一转换为后来基督教的出现奠定了基础。

　　亚历山大英年早逝，帝国分裂为三，每一个争权者都模仿亚历山大大帝自称"皇帝"，俨然具有类似"神授"的观念。后世的罗马帝国君主也承袭了这个传统，将人间的

---

❶　犍陀罗　古印度地名，也是国名，在今巴基斯坦北部及其毗连的阿富汗东部一带。犍陀罗雕刻艺术闻名遐迩，对东方雕刻艺术的发展曾有影响。

君王和天上的上帝画上了等号。这一"神授"观念即是说：君位只是神的恩宠，其中并没有考核德行与功绩的意义，罗马帝国也始终没有凝聚成一个结实的中心。

总结而言，希腊的政治制度基本上是列国并存的形态，亚历山大帝国并没有改变这一特色。罗马帝国的结构，还是与古代中国的"天下"观念不同的。凡此两者发展的途径各异，均将在其他章节讨论。

第三章

中西思想文明的分野和演变

西周价值观念崩塌与儒家思想的建立

这一章的前半段，从中国的思想体系开始讨论。当然，儒家思想是中国思想体系的主轴，必须由此角度下手。在此以前，西周建构的分封体制与其配套的观念，其实已经奠定了儒家思想的基础。

第一，周天子承受天命治理天下。"天命无常，惟德是亲"，"天命"不是说特别偏爱哪一群人，"天命"是说只选择对人民有益的君主，委托这位君主治理世界。"天命"观念使君主的地位远远超脱了部落保护神或族群保护神的地位，君主是道德的裁判者，君主的行为就在道德的尺度上，

"天视自我民视，天听自我民听"❶，也就由人民加以衡量。

第二，周代的封建制度是分封亲戚、以藩屏周。所有的封君，不仅权力来源于周王，而且他们必须经过大族长周天子这一媒介，才能"上达天听"，获得"天命"的眷顾。于是，政治权力的分配与亲属关系的网络，两者叠合为一，政统和宗族这两种体系相叠合。

在这个命题上，殷商史料显示，占卜须经过先公、先王的传达，亦即祖先崇拜。周代的封建制度在殷商的祖先崇拜上向前跨出了一步，将"天命"的道德意义和祖先的权威合在了一起。这一现象，在西周青铜器上面的铭辞中充分可见——通常包括两点：一是自夸功德；二是追溯祖先。周代封建制度和这一观念的转化齐驱并进，到了孔子时代才转化为具有普世性的思想体系。

《周易》是中国人继承的另一重要遗产。从这一解释占卜累积而成的记录，发展出了一套二元互补相成的辩证关系——一切事物，无不在变化之中，唯有"变化"是不变的。几千年来，这一套人生智慧不断引导着中国人的思维。

《左传》中有时会提起一些著名的历史人物，譬如叔

---

❶ **天视自我民视，天听自我民听** 出自《尚书·泰誓》，大意为：上天所看到的来自我们老百姓所看到的，上天所听到的来自我们老百姓所听到的。

湖南长沙马王堆汉墓 3 号墓出土的帛书《周易》残片

《周易》蕴含的人生智慧，不断引导着中国人的思维。

向、子产、史墨。这些人物在各个不同的层面传达着类似的价值观念，他们乃是儒家思想的先行者。虽然我们没有办法从他们的只言片语中重建完整的思想体系，然而，他们的思想脉络显然是与西周封建制度的价值观念相符合的。

孔子身处的时代，礼崩乐坏，西周的封建制度随着西周本土的沦陷，只剩下一个空名。实际上，东周的各个封建领主都在各自的封域自求发展，彼此较量，求取胜利，发展出的实力和掌握的资源已成为决胜的条件，西周封建制度原本依附的整个价值观念不在了。

在大崩溃的时候，孔子是一个没落的贵族，他致力于重建超越时空限制的普世价值观念，不是为了规范权力的分配，而是将依据理性道德建立的系统作为自己安身立命之所，也作为世界可以遵行的、他所盼望的行为准则。孔子的门下聚集了一批抱持着同样理想的人物，他们或是封建体系中的臣属，或是下沉的没落贵族，他们也有一样的危机感和急迫感，也在寻求自己的思想出路。

孔子教诲门下，并不像后世所谓的学校，而是与来自各方的同人和朋友们随机讨论问题，共同建立和发展一套思想体系。从一开始，孔子注意的就不是个人"独善其身"的道德，而是人与人之间的相处之道——这相处之道又建立在道德之上。

"道"在孔子心目中是永恒而且普世的原则，即使是至高无上的神明"天"，也不过是"道"的显现，"天"和"道"是一体两面。神的力量和永恒、普世的原则，虽然抽象，但"道"不只存在于人与人的相处之中，它还存在于万事之中。因此，儒家思想落实在人间事务上，是主导人间关系的大原则、确立人和人之间相处的尺寸与尺度。孔子将中国后世几千年的思想脉络一锤定音，这是一门人间与社会的学问，而非今天学术界的认知学问。这个特点我们必须记得，它乃是中国和西方制度方向上最大的差异。

儒家思想中的"安人"与"安百姓"

孔子门下号称有三千人，其实并没有三千之多。其中真有成就，且在各自领域有所贡献的，也不过一二十位。他自己认为门下的弟子分别属于四个门类：德行、政事、语言、文学。这四科各有出色的代表人物。德行是修身，政事是为人服务，语言是处理社会事务和传达信息，文学是书写能力，与语言同为传达信息之用。

四门学科之中，有三门相当实用，都是为了处理世间事务、服务公职、安顿人民而努力。儒家思想中的"安百姓"和"安人"是两种志业。"人"是自己四周的人，"百姓"是天下所有的人，因此，儒家所关怀的对象不仅是国家的公民及其福祉，也有人类全体的福祉，这是普世和永恒的

明人彩绘绢本《孔子圣迹图》之《问礼老聃》

这幅画描绘的是孔子向老子请教学习礼乐的故事。孔子将中国后世几千年来的思想脉络一锤定音，这是一门人间与社会的学问。

价值观念。在他们心目中，有志者必须"修己"，即整顿自己，才可以进而"安百姓"，这是最高的境界，甚至古代的"圣王"也未必能完全做到。从这个角度看，自己和群体是不能切割的连续体，所以，"忠恕"❶ 和"仁"❷ 可以并且必须一以贯之。

孟子将孔子的比较实用的儒家思想扩大为相当抽象的哲学。孟子思想的根本，是将人性和天道结合为相呼应的两种永恒的关怀，所以人心必须是善，天心是垂爱人间，也必须是善。天道与人性，个人与天下，都是连续而不能分割的关怀。

孔子、孟子或是孔门其他人，不是单单为了思想而思想，更是为了给人间带来一个理想的世界。孔门弟子忙忙碌碌地奔走各处游说，希望国君能够采纳他们的建议，利用国家的力量，一步一步地将世界带向更高的境界，创造更自在的安乐。他们当然也必须坚持哲学上的主张：所作所为，不是出于自私自利的动机，而是为了治理好国家，带来人间的

---

❶ 忠恕　儒家伦理思想。在孔子学说中，"忠恕"是实行"仁"的方法，是贯穿孔子全部伦理学说的重要思想。"忠"要求积极为人，"恕"要求推己及人。
❷ 仁　古代儒家的一种含义极广的道德范畴。本指人与人相互亲爱。孔子言"仁"，以"爱人"为核心，包括恭、宽、信、敏、惠、智、勇、忠、恕、孝、悌等内容。

太平。后儒遂归纳为"修身、齐家、治国、平天下",一步步提升自己的修养,才能参与增加各个群体福祉的志业。人必须自己努力,砥砺修养,坚持以此为基础,才能安人、安百姓。先安顿自己的亲人,使其能彼此和睦相处,然后才可以安顿族群,才能治理好国家,最后的目标,则是天下太平。

这一套理想,在当时也不是儒家独有的,和儒家平行发展的其他思想家,如墨子和杨朱❶,虽各有不同的陈述,却也有类似的关怀。墨子高举至高无上的"天",认为人对天意要有绝对的服从,天不偏爱,一视同仁。墨家的子弟摩顶放踵,都是为了要将这个世界带向绝对的太平。墨家可能是从孔门分出去的,他们特别强调天的绝对善以及人对天的"尚同"。这本来是出自好意,最后却成为阶层性的服从权威。最高权威是天,天子"尚同"于天,贤者"尚同"于最高的贤者,于是,墨家为了趋同于善,不免抹杀了个人的自主和个性。

至于杨朱这一派,他们选取了个人和人性的自主,认为每一个人都有尊严和价值——为了这个"仁"字,我们可以牺牲一切,没有任何代价可以收买或糟蹋"仁",不拔

---

❶ **杨朱** 战国初哲学家,魏国人。相传,他反对墨子的"兼爱"和儒家的伦理思想,主张"贵己""重生",重视个人生命的保存,反对别人对自己的侵夺,也反对侵夺别人。

一毛以利天下，也不为一己而损伤别人。杨、墨实际上是儒家的左右两翼，各自发挥了儒家思想关心的一个方面。

儒家出现分歧并受到道家冲击

孟子的时代是战国时期。孔门主旨：不论是独善其身，还是兼善天下，都着重"善"。四科之中，最主要的"德行"和"政事"，无非是为了个人或群体能够趋于善。孟子认为：人性本善，但也可能会因为欲望而丧失本性所具有的善。在他所处的时代，杨、墨理论遍行天下，孟子必须努力坚持儒家本色，主张持守本性的善，排除可能的恶。

于是，儒家开始有了二元的分野。

荀子时代已是战国晚期。他在善、恶二元的对立中，特别注意到"善是天生的，还是人为的修养"这个问题，他主张"性善是伪"。其实，他所谓的"伪"并不是假装，而是意指"人为的努力"。人性可为善，但是如果不加注意，受到种种诱惑就可能会沦落为恶。人必须努力让自己培养出向善的方向，才能做到善。

在政事方面，治理国家乃是走向太平最重要的一个阶段，荀子的不少陈述都在讨论一个好的国家应该有什么样的境界以及如何走向这一境界。孟、荀二家都从善恶二分的二元下手，可是二人也都指陈，这二元可以彼此转换，在二极之间演变。

　　荀子门下，衍生了所谓"法家"的理论家。一个是韩非，他结合了许多从政人员的实际经验，将之综合为管理学和政治学的理论；另外一个学生李斯成为秦始皇的助手，为秦朝规划制度。儒家四科的"政事"一科，终于发展出一个政治学理论及实践，使得儒家在此后的几千年中，在皇帝制度的旁边，发展成为文官体系主要的理论基础。关于这一部分我们下面还会再讨论。

　　儒家真正的对手乃是道家，老子和庄子两家都在末世楚国的疆域内发展。楚国地处淮汉地区，这里多丘陵、湖泊、溪流、森林，呈现出与北方黄土平原完全不同的景观。楚文化的南方传说系统，也呈现出与北方系统不同的风貌。南方诸神都在山间水涯活动，俊美的男神、绰约的女神和许多灵活的小精灵，是传说世界的角色。北方生活艰难，人人必须约束、节制，必须尊重自己与他人之间的界限；南方容易维持生计，也因此有抒发自我的空间。南方人活泼而自由，个人有更多的自我，也获得更多的尊重，人兼容于自然之中，而不是与自然对抗。于是，在这个环境下发展出来的思想，着重点都在于尊重个性，甚至离弃集体，不愿有强大的集体妨碍个人自由，他们也主张"自然"之道不能绝对。

　　老子、庄子议论的出发点和北方自然环境中产生的观念很不一样，对于"真实"的本体，老子以为"有"出于

战国楚简《老子》，1993 年出土于湖北省荆门市郭店

老子以为"有"出于"无"，一切都在流动中，他的思想几千年来对中国人产生了深远的影响。

"无"，一切都在流动中；庄子则以为衡量和判断的角度和
尺度不同，观察的结果也会不同。老子的"虚无论"和庄
子的"相对论"，都在绝对真理之外提出另一些选择，也否
定了思想的武断。

"感应论"与儒、道、佛的兼容并蓄

秦帝国建立后，很快就崩溃了，但秦朝的遗产却在汉
朝继续存在。汉代初期，儒家并没有和皇权体制结合。进
入汉代后，帝国体制已不能回到封建制，必须有一个政府，
必须有一批能干的公职人员，儒家和皇权才能结合为一。
儒家提供了治国的理论，而皇帝制承接了周代的"天命"观
念，作为国家权力的合法依据。这个结合最重要的枢纽乃
是汉代的察举❶制度，这一部分下文会有更多的叙述。

现在我们要讨论的是董仲舒❷的学说。儒家关心的项
目，譬如天命、道、人间的关系，自然界各种事物的关系，

---

❶ 察举　汉代选拔官吏的制度。由公卿、列侯、刺史、守相等推举，
经过考核，任以官职。完备于武帝时，其主要科目有孝廉、贤良文
学、秀才等，为汉代重要出仕途径之一。
❷ 董仲舒（前179—前104年）　西汉哲学家，今文经学大师，曾任博
士、江都相和胶西王相。著作有《春秋繁露》（可能经后人附益修改）
及《董子文集》等。

人性和人体的关系等，都被董仲舒编织到一个庞大而严密的形而上学❶体系之内。董仲舒的"感应论"是一个多层次的庞大系统，这个系统最大的一层涵盖全宇宙，第二层次在人间，其中，国家是一个层次，社群、小区又是一个层次，甚至连一个人身体之内的五脏六腑以及其他器官都是一个层次。个人在上面所说的每个层次中都有一定的地位。从人体之内的层次到宇宙，每个层次都贯穿上、下层次，每个层次中的各个部门都互相影响与制衡，任何层次中的部门不能太多也不能太少。只有每个部门之间的力量互相呼应，才能得到最好的平衡。同样，层次与层次之间也是互动的关系。于是，在整个庞大的系统之内，人固然无所逃于天地之间，人只是宇宙之间小小的点，但这个渺小的点，却也可能影响整个宇宙的运作。

董氏这种形而上的"系统论"，与今天科学的宇宙结构、物理化学的结构、生物学的细胞结构、社会中人与人的分析以及现代科学的宇宙论，竟有些许相似之处。当然，董仲舒的宇宙论只是形而上的建构，并没有经过科学的验证。董仲舒建构的儒家思想系统渗透在中国文化之中，影响了两千年来中国人的思考。他的学说也使得儒家出身的文官可以持有道德的勇气，也有自觉的使命感，投身"治

---

❶ 形而上学　在哲学史上，指研究超感觉的、经验以外对象的哲学。

国"，向往"平天下"。不过倒过来看，两千年来，有多少儒家的文官真正符合上述的理想，又有多少文官不是为了个人的功名利禄而甘心为专制君王服务的呢？

汉代的儒家思想，实际上已经吸纳了春秋战国各国的精神，而又落实在法家实务的范畴之内。汉朝所谓的"外儒内法"，即外部以儒家为装饰，内部则以法家为其专制的内容。在社会层面，经过察举制度，文官系统也产生了自我滋生、自我更新的机制。这种自我完善又能够不断地平衡社会精英群，整体而言，才有足够的力量抗衡皇权。两者既互相依存，也互相制衡。儒家如此的存在，在世界历史上并不多见。儒家的学者不是教士，却有教士一样的功能，他们是权威思想体系的代言人，也是这个权威体系的延续者。

经过这些儒生，儒家体系不断地更新，也不断地吸收更多的思想。东汉以后，佛教进入中国。佛教的思想体系和道家的思想体系确有相当的类似性和兼容性。这两种出世的思想和儒家入世的思想，也构成了辩证的关系，彼此兼容，它们也在中国人人生的不同阶段彼此交替。有见识的人，当有为之年，对应为之事，应当积极进取；在无力的老年，或面对不应为之事，则应宁静淡泊。

儒、道、佛三家思想合一，使得中国文化中的每一个人都受到三家思想的影响：这正是中国文化的精神所在。

中国的王朝起起伏伏，不断改朝换代，中国社会的结构也时时发生很大的变化，然而，儒家和与它相应的佛家、道家却长期主宰了中国人的思想。宋、明两朝，程朱理学和陆王心学先后兴起，修改了儒学的内容，它们各自的影响将在别处讨论。儒家对中国文化和社会的影响延续长久，一直到最近两百年来，这一主导力量才慢慢衰退，而目前几乎已经消失。

地理因素导致两河文化"神魔对立"

西方思想传统的来源相当复杂，至少应当包括两河流域、埃及和犹太三个不同的来源，每一种地方性的文化，都有自己的思想形态，然后才综合为后世西方的传统。整合成形的时间当是基督教在罗马帝国成为主流之后。相对于西方传统复杂的综合过程，中国则自西周起就开始整合，春秋战国之后，大致已经整合完成。两相对比，中国的发展过程比较简单，也比较集中；西方文化的发展，对于多种源头，也有其调适的过程，构成了后世以"犹太教—基督教"为主流的西方思想形态。

先从两河流域的文化说起。今天的伊拉克在两河流域的"中原"。这个地区一边是沙漠，一边是高山；西面是高原，东面是波斯湾，中央两条河流平行汇流形成灌溉平原，

法老埃赫那顿及其妻女向太阳神阿顿行效忠仪式的古埃及石雕

公元前十四五世纪，埃及法老埃赫那顿强制推行对独一太阳神阿顿的崇拜。这是世界宗教史上首次出现独神观念，对后世影响巨大。

地形复杂，地理景观变化丰富。

因此，这个地区发展出一种二元相悖与互斥的思维方式。沙漠的干燥和高山的湿润，作为干与湿的对比；甜水和咸水之间又有一个对比；牧人和农夫之间又是一个对比；内和外，以两河为核心的城邦国家，与外面的雅利安人建立的国家又是一个对比。两方对比也出现在他们的许多神话之中，最后归结成神和魔的对抗。神界和魔界是主要的问题，这样的两方对比方式与中国的所谓二元互补、二元演化的思维方式很不一样。一刀切成两段，一段跟另一段经常冲突，无法融合，这种两分对抗的心态在西方思想之中长期存在，直到"正、反、合"的辩证思想诞生才把对比演化成融合和升级。这些都是后话，我们下文再讨论。

埃及地处尼罗河谷，单独发展出一套文明，有其封闭性，也有其独特性。他们的神都是半人半兽的形象——人头兽身或者人身兽头。每个地区都有地方神，每种自然力也都有其代表的神。在这个多神的文化系统中，埃及的政治首长——法老，则是大神的直接化身。

公元前十四五世纪，相当于中国历史上的商朝，法老埃赫那顿从众神之中认定太阳作为大神"阿顿"，而且是独一无二的真神。在世界宗教史上，这是独神观念第一次出现，对后世影响甚大。唯一的真神太阳神，是抚养世界、维持世界、给予所有生物生命的神，它是宇宙的创造者，是

12 世纪英国温彻斯特《圣经》中的插图
描绘的是摩西接受上帝颁示的"十诫"的故事。

人类和其他万物的恩赐者。它对小草、人、狮子和羊等一视同仁。在它的光芒前面是一只小手，小手将生命授予世界万物，也维持公义和惠爱的秩序。

　　独神的观念排斥了原有的多神信仰。埃赫那顿在世时，就招致了原有多神信仰系统的祭司们的联合反对。埃赫那顿被放逐，独神信仰也被推翻，但这种观念留存人间，影响了古代以色列人的领袖摩西❶。摩西出埃及，带着以色列人的十二个部落在沙漠之中流浪了四十年，在流浪之中，摩西完成了宣扬独神教信仰的《十诫》。他作为以色列人的民族保护者，确立了犹太教的独一真神信仰。犹太教有两个观念：世界只有一个神，就是唯一的真神，"你们必须侍奉唯一真神，不可侍奉其他的神"；以色列人民乃是真神的选民。其他各诫相对而言，则是次要的延伸。摩西死后，亚伦、约书亚带领以色列人回到今天的巴勒斯坦，建立国家。信奉上帝是唯一真神的人，才能得到救赎，犹太教这一独一真神，后来便发展为基督教的普世真神。

---

❶ 摩西　《圣经》中犹太人的古代领袖。据《出埃及记》载，摩西带领在埃及为奴的犹太人迁回迦南（今巴勒斯坦、叙利亚和黎巴嫩沿海地区），途中在西奈山上接受了上帝写在两块石板上的十诫。犹太教称《圣经》的首五卷出自摩西之手，故又称《摩西五经》。

以基督教为主轴的西方思想文化的形成

  罗马帝国极盛的时代，耶稣在犹太教的基础上，创建了一个新的宗教——基督教。基督教的教义，经过耶稣、彼得❶和保罗❷三代的累积和发展，不再将上帝的选民限于以色列人，认为选民是神所拣选的，是尊重上帝的拣选而信仰上帝的信众。于是，犹太教从族群宗教的形态转变成为普世信仰：凡是信仰神的人都是神的选民。

  以基督教为主轴的西方思想系统也吸收了两河流域文化和希腊文化的传统。在两河流域周边，波斯帝国建立以后，出现过以琐罗亚斯德思想为主体的祆教❸信仰，这一信仰的主旨是善与恶之间的对抗。之后，从祆教转变为摩尼

---

❶ **彼得**（Petros） 耶稣的十二门徒之一。原为渔夫，名西门，耶稣为他改名"彼得"，意为"磐石"。基督教认为彼得是初期教会的首领，传说他晚年在罗马被倒钉十字架而死。

❷ **保罗**（Paulos）《圣经》中初期教会主要领袖之一。他竭力主张克服犹太教的民族局限性，把基督教传给非犹太人。后在耶路撒冷被捕，解往罗马，为罗马皇帝尼禄所杀。

❸ **祆教** 即琐罗亚斯德教，波斯古代宗教，传于公元前 6 世纪由琐罗亚斯德创立。祆教认为在善恶两端的斗争中，人有自由选择的意志，也有决定命运之权。

教❶以及玛兹达❷信仰，这些启示信仰的传统，从两河流域
发展的善恶对抗的思想形态，转化为善恶对抗、恶挑战善，
善终于克服恶的永恒斗争的理念。这种观念最后也被基督
教吸纳，基督教的神不再是选民的保护神，而是以上帝为代
表的善，神是至善，神要从"恶"那儿夺回人的灵魂。祆
教的善恶对抗观念，终于融入了基督教教义。

　　在两河流域的神话中，春之女神被囚禁在黑暗的洞穴，
大地因此冰封，万物不能生长。她的爱人为了爱情，冒死
入洞，救回春天，救回万物生机。在神魔大战的神话中，
冒死冲锋陷阵的小将马尔都克成为巴比伦时代的大神——
复活与救赎的神。这一主题遂结晶为基督舍身救赎万民，
由死亡复活，终得永生。

　　古希腊文化，可以说是欧洲文化最重要的源头。在希
腊极盛之时，包括"泛希腊化"时代——相当于中国的春
秋时代，也有一批知识分子为后世西方文化提供了重要养
分。当时许多希腊城邦都有追求学问的人，即所谓的"智

---

❶ **摩尼教**（Manichaeism）　波斯古代宗教之一，3世纪由摩尼创立。摩
尼教吸收琐罗亚斯德教、基督教、佛教以及诺斯替教的部分思想材料
而形成自己的教义，认为光明与黑暗是世界的本原，善人死后可获幸
福，而恶人则须堕地狱。

❷ **玛兹达**（Ahura Mazda）　古波斯的神名，意为"智慧之主"，琐罗亚
斯德宣称它是创造一切的神，因此后来成为琐罗亚斯德教的最高神。

毕达哥拉斯

他是西方最早提出勾股定理的人，据说他还曾用数学研究乐律，指出弦长的比数愈简单则其音愈和谐，初步探讨了美与数的关系。

者"，他们致力于思考抽象的问题，也发展出思辨的方法。在城邦中，公民不必从事生产，由奴隶劳动供养公民，城邦里才能出现这些"智者"群体。他们思考的乃是宇宙的本质、宇宙的构成等宏观问题。有人提出类似原子论的宇宙观：每一种物体都可以切割成最小的粒子，不同物质的粒子，各有不同的性质。这些想法当然不能与今天物理学中的原子、分子理论同日而语，它们只是形而上学的推论，不是科学实验的结果。不过，这种思考本身，仍是相当有趣的认知活动。

特别值得注意的是毕达哥拉斯❶定理，后世的几何学与毕达哥拉斯和欧几里得❷有不可否认的关系。毕达哥拉斯本人所属的智者群，其实是神秘主义的教派，他们盼望找到宇宙最高的秘密，认为谁能掌握这一秘密，谁就能指挥宇宙间的各种力量，成为最有法力的人物。当然，在后世，大家并不将毕达哥拉斯看作魔法师，被大家纪念的是毕达哥拉斯提出的"三角定律"，即勾方加上股方等于弦方。与这一命

---

❶ 毕达哥拉斯（Pythagoras，约前 580—约前 500 年）　古希腊哲学家、数学家，生于萨摩斯岛，是西方最早提出勾股定理的人。其著作已全部散失，仅在亚里士多德等人的著作中保留其部分观点。

❷ 欧几里得（Euclid，约前 330—前 275 年）　古希腊数学家，著有《几何原本》十三卷，是世界上最早公理化的数学著作。该书总结了前人的研究成果，从定义、公理和公设出发，用演绎法建立几何命题。

题有相当联系的，是固定的圆周率3.14159。毕达哥拉斯和他的同道们认为，世上那许多不可改变的"数"，就是宇宙的大奥秘。毕达哥拉斯等人为西方思想界发展了"求知识"的认知层面，他们讨论求知的方法论，其目的是找寻宇宙的本体。

上节我们讲到，中国人的关怀是为了安排人间的安宁和相应的社会秩序，以求取人类的福祉。中国人寻找的是人与人之间的关系，乃是伦理学的范畴。希腊自苏格拉底以来的学问传统，则是在寻找知识以及建立求知的方法学。苏格拉底、柏拉图、亚里士多德三代师徒，发展了这种思想形态，使之成为西方思考的主流。

苏格拉底的思想是由柏拉图传述给后世的，所以究竟哪一部分是苏格拉底的思想、哪一部分是柏拉图的思想，我们实在不容易区分。不过我们知道一桩事情，就是苏格拉底被雅典城邦处死，因为他教导青年必须仔细思考，才能做判断，不能谨守既定的事实而不予怀疑、不予复核。就因为他以理性挑战传统，雅典城邦才认为他带坏了青年的思想。

柏拉图也是如此，他继承了苏格拉底用理性来追求真实的理念。他有一个很著名的陈述：在黑暗洞穴之中的人，看见外面投进来的光线在墙上造成阴影，我们如果只在黑洞里面，就会以为墙上的阴影就是真实。但外面是光亮的世界，投射进来的阴影与真实的原件其实并不一样。他指出现象和本质之间的差距，对他而言，现象和本质是两分的，两者之间不能画等号。以这种两分法的理念，他开启了后世的许多学科。他的基本观点乃是以理性做判断，要有实证作为依据。他教导的不是事物的内容，而是如何去寻找事物内容的方法。

亚里士多德将世间所有的事物当作数据，有的是形式，有的是内在的性质，每一种资料都有其特定的意义。亚里士多德以此将数据分成许多范畴，使宇宙万物都可以有一定的秩序。这师徒三代，都为哲学上的方法论而努力。而毕达哥拉斯等人着意的是宇宙的本体，由此建立本体论和宇宙论。这种做法和中国古代思想的着眼点相比，具有极大的差别。

希腊诸多学派与中国先秦思想类似

在苏格拉底师徒三人以外，希腊还有一些非常活跃的学派。首先要提到斯多葛学派 ❶，它主张人文主义的思想，

----

❶ 斯多葛学派　古希腊罗马哲学学派，在约公元前 300 年创立于雅典。斯多葛学派主张对神意与不可避免的命运无条件屈从，对基督教的影响很大。

倒是接近中国儒家的想法。斯多葛学派讨论人与人的相处之道和人生的价值，他们主张人要顺应生活和自然的支配，追求生命之中心灵的快乐；必要时，为了维护人生价值，甚至可以牺牲生命，类似儒家的"舍生取义"。斯多葛学派在基本形态上，的确和中国儒家的主张相当接近，也是要克己复礼、端正自己，取得真正的心灵上的安宁和舒坦；同时，人对社会负有一定的责任，要为社会服务。从希腊时期兴盛，经希腊化时代到罗马时代，斯多葛学派一直是知识分子中的主要流派。古罗马帝国的立国精神也与斯多葛学派相近。

除斯多葛学派外，重要的流派还有伊壁鸠鲁学派❶。这一派的思想和中国古代的杨朱学说比较接近，看重每个人存在的价值，认为人所追求的快乐并不是满足物质欲望，也不是放纵情欲，而是追求身心的淡泊宁静，并且他们反对迷信，不相信有神支配人生。世人通常只记得杨朱"拔一毛而利天下，不为也"，却不注意杨朱也反对损人利己。伊壁鸠鲁学派的人生态度与此相同。

第三个活跃的学派是怀疑论，类似中国的老庄思想，

---

❶ **伊壁鸠鲁学派** 古希腊罗马的唯物主义哲学学派，于公元前 307 年伊壁鸠鲁在雅典创办学校后形成。其特点是忠于师说，传播伊壁鸠鲁的原子论与快乐论学说。

认为人们无法真正追寻知识，也无法得到真正的知识。老子认为知识是虚假的，庄子认为知识是相对的。衡量的角度不一样，知识本身的标准就不一样了。六十岁、八十岁的人生和八百年的老树比，不过是短暂的瞬间，但和朝生夕死的蕈类相比，却是漫长的时间。同样，从泰山上俯瞰，土堆是平地，而从蚂蚁的角度看，一个土堆是高山。凡此古代希腊的思想流派，本体论者、怀疑论者、相对论者以及重视人生自由的几个学派，确实和中国儒家、道家以及杨朱思想相当类似。

基督教兴起后，虽然耶稣已经清楚地界定了自己的立场：这一新的信仰乃是普世的福音，不是以色列人的护持。但是，真正将基督教界定为普世性宗教，保罗发挥了重要的作用。他不仅使基督教超越族群，而且将希腊的一些思想灌注于基督教教义中。斯多葛主义使基督教教义包含了个人品行的砥砺和培养，它的克己复礼，就是基督教教义中的自我制约。同时，源自两河流域的救赎，配合《摩西十诫》的威严，上帝就是救赎之主了。保罗和彼得将前面所说的两河流域、埃及源头以及波斯的种种宗教吸收进来，鼓吹信仰上帝才能得到永生，终于完成了基督教教义的主要结构。

基督教的神，全知、全能、全在，是一切事物的本体。这一观念，乃是综合了前面许多庞大、复杂的宗教体系，才形成如此一元的西方文化传统。毕达哥拉斯等人追寻宇宙本质，柏拉图等人追寻求知方式，他们的思想都被基督教吸收了。这两种不同而又共存的认知方式，重新冒出头来成为主流，则要到文艺复兴以后。进入西欧的启蒙时代，这两套观念竟编织为现代科技文明的主要基础，这是后话。由古代的各种文化源头，在君士坦丁大帝❶以基督教作为国教之后，西方文明才建构为一个完整的整体。

我们对比中国和西方的传统可见，中国文化关注的是人间的次序、人生在世的意义；西方关注的是超越自然和人心的理性。中国思想的二元观，甚至多元并存的观念，都会综合成辩证式的演化，成为光谱上的延续；西方的二元对立则是两元分化的永远对抗，其间缺少折中的余地。

中、西思维方式明显分野：中国文化关心人在人间和宇宙中的秩序，欧洲文化关心自然；中国的心态是追求和谐于宇宙之中，欧洲的心态则是从对抗中求得胜利。从古至今，中西文化有过不少纠缠和交流，这些基本的差异却不断涌现。面对变化时，这些差异影响了各自响应变化的方式；两者交流时，这些差异也常常决定了难以避免的误解。

---

❶ 君士坦丁大帝（Flavius Valerius Constantinus，约 272—337 年） 即君士坦丁一世，古罗马皇帝（306—337 年在位）。313 年曾与李锡尼共颁《米兰敕令》，承认基督教的合法地位。临终时受洗礼，成为基督教徒。

可是，地球只有一个，东与西，终究不能不在共存中彼此影响、彼此学习。现代的世界，终究不可分割，双方终究还是必须从共存中一起发展出融合双方特色的人类共同的文明。

第四章

中西文化圈的分合与扩展

中国古代的封建制度在春秋战国时代逐步演化为列国制度。最后七国争雄，都是在尽力强化动用资源的组织能力。"七雄"分别发展出相当有效率的军事组织和行政系统，各国也时时学习彼此发展的经验。

秦汉帝国复杂而高效的管理系统

法家学者们将这些发展经验综合为管理学的理论，这是中国史上有关政治组织及其运作的第一次理论化。荀子、韩非子、李斯等人综合了管仲、商鞅、申不害❶、

---

❶ 申不害（约前 385—前 337 年）亦称"申子"，是战国时期思想家，法家主要代表人物之一。主张君主经常监督臣下，考核其是否称职，予以奖惩，使其能够尽忠职守，以加强君主专制。

慎到❶诸人的经验，不仅在理论上有更完全的论述，而且终于在秦帝国的组织形态上得到了实践的机会。秦始皇统一天下，创建了一个前所未有的大帝国，其管理系统之完备和充实，在当时各个大国中可谓独步。秦朝立下的行政系统，在中国历史上延续到 20 世纪初，在大原则上改变不多。

这一代替封建制度的国家组织被称为"郡县制度"，即中央直接管辖全国，从中央到地方，要经过两层或三层的金字塔结构。秦朝一千多个县，归属五六十个郡。汉朝在郡一级之上又加了十三个州。

郡县金字塔结构的上端，就是朝廷——总揽全部事务的政府。政府和皇室内廷是分开的：皇室内廷处理皇帝的家庭事务，政府则由丞相或相当于丞相的人物领导不同的部门，分工办事。

中国的文官结构别具特色，有一个独立行使职权的监察单位，称作御史台❷。政府之内文武也分途，文官和武职各自有行政系统。皇室的财务和国家的财务是分开的，国

---

❶ **慎到**（约前 395—约前 315 年）战国时期法家代表人物，他曾在齐国的稷下学官讲学，负有盛名，主张法治，把君主的权势看作行法的力量。

❷ **御史台**　西汉称御史府，长官为御史大夫。东汉光武帝时不设御史大夫，御史均入兰台，以御史中丞为长官，时亦称宪台，为封建国家的监察机关。

1974 年陕西临潼秦兵马俑坑出土的陶俑、陶马

秦兵马俑是秦始皇创建和加强中央集权的象征。

家财政也有预算、执行和考核三个阶段。拥有如此复杂的管理组织，中国大帝国的管理系统无疑是世界历史上空前的创举。

前一章我们曾说过，汉朝有选拔人才的察举制度。当然，在实行察举制度以前，秦帝国的官员大多是因有军功而被派任的，并没有经过民间的察举。汉武帝时期，才逐步发展出察举制度——从民间选拔优秀的年轻人，在地方政府中服务。有了在地方政府工作的经历，这些人才由地方首长推荐，集中在中央的"郎署"❶，观摩学习中央政府的运作和各种法令。经过数年的历练，年轻的"郎"被分派到中央或地方去做比较基层的官员，内外互调，学习各种事务。有些人在某些专业内较有所长，就可能一生都在这个专业的范围内发展。

察举制度一方面吸纳了全国优秀的人才，另一方面，其训练和考核交叉进行的过程，使得文官的候选人具备了专业的能力。在汉朝的文官制度下，担任主管的官员首次就任的前一年，属于见习期。见习期间表现优秀，此人才能正式接任——见习制度保证了这个官员的能力与所承担的职务是相称的。

就整体言之，汉朝的文官是根据才能任官，而不是根

❶ 郎署 郎官的办事机构。

据家族关系或社会地位任官。部分文官的工作成绩也有定期的考核，比如地方官员要定期将任内的工作成绩呈报中央，中央即可从地方送来的报告之中知道官员成绩的好坏，并了解全国各地的情形。因此，一个金字塔一样的文官系统，不仅是人才流转的机制，也是一个信息流转的机制。

如此专业化的政府，既有训练官员的机制，也有收集信息的功能，所以，秦汉帝国具有强大的能力。秦汉帝国陆续在东南沿海地区、西南山林地带，一步一步开发，将这些地方逐渐吸纳为帝国所有。而一旦成为帝国的一部分，这些地方就整体地融合在中华天下之内了。

秦汉帝国能长久保持其坚实的凝聚性，也应是由于拥有如此高效率的治理系统。在下一章中我们将会论述，相对而言，同一时代的罗马帝国就缺少一个如此专业化的组织，也因此不能有坚实的核心，维持开拓和发展的成果。

秦汉帝国的经济形态与学术思想的发展

与帝国管理制度相对应的，是秦汉帝国逐渐发展的市场化的农业经济。

从战国到汉朝初期，中国曾有过相当发达的商业城市，它们成为交换的中心和生产的中心。但是到了汉武帝时期，在强大的皇权之下，政治权力已不容许城市具有强大的经济实力，因为后者可能威胁到高度集中的政治权力。

汉武帝时代，政府用重税劫夺工商业的财富，打击城市经济，中产以上皆破产，以农村为基础的农舍手工业遂成为生产日常用品的主力。农舍手工业和农业生产配合在一起的地方产品，也经过帝国铺设的全国道路网，发展为一个全面的资源交流网络。

在这个网络内，农村之上的市镇和城市，成为一级一级的集散中心，将全国的资源分布于各处。这一网络逐渐扩大，终于成为笼罩全中华天下的经济交换网，其持久性和稳定性与政权所寄的王朝互相配合，将中国有效地建构为一个持久的共同体。于是，即使政权有时分裂，地区间经济的互相依赖也会促成中国恢复统一。中国人相信"天下合久必分，分久必合"，反映的正是政权分裂、经济整合的现象。

在学术和思想方向上，秦始皇虽以法家手段统治中国，焚书坑儒、禁绝百家，但是正如李斯撰稿的碑文所陈述，秦王朝高举的意识形态，其实与儒家价值相当符合，也是着重于儒家提倡的孝、悌、忠、贞。秦王朝一样希望有安定的社会，一样希望政府能够为百姓提供稳定的生活环境。

　　汉初，道家得势，政府"无为而治"❶，天下在大乱之后得以休养生息。自汉武帝始，独尊儒术，儒家得到政府的支持，儒家的经典和学术成为官家学府的主流。但是，道家学说依旧流传不绝，后来为民间所借用，转化为道教信仰。

　　官家的教育机构——太学❷教育出来的知识分子，当然都是以儒家的学术为根本。他们又发展了"五经"之学，有一批学者从事训诂与解读，另一批学者则发挥义理与论述。西汉董仲舒的感应学说❸盛行，其门徒持有道德和知识的勇气，依据"天命无常"的理论，批判号称"授命于天"的皇权，甚至主张刘汉的天命已终，应当让位于贤者。这种理论当然不为皇权所喜，可是，有道德、有勇气的知识分子，虽然不断遭受压制，却前仆后继，不断抗争。王莽就

---

❶ 无为而治　道家的政治主张。主张"无为而无不为"，并非无所作为，而是一种"以虚无为本，以因循为用"（司马谈《论六家之要旨》）的统治术。

❷ 太学　中国古代的大学，其名始于西周。汉武帝建元五年（前136年）设五经博士，弟子五十人，为西汉太学建立之始。太学在东汉获得大发展，质帝时太学生达三万人。

❸ 感应学说　董仲舒将神权、君权、父权、夫权贯串在一起，形成封建神学体系，此体系的中心即是感应学说。感应学说认为"天"对统治者经常用符瑞、灾异分别表示希望和谴责，用以指导他们的行动，为"君权神授"制造理论依据。

东汉"熹平石经"残石

相较西汉，东汉的儒家学术走向经典化。175—183 年，东汉蔡邕等人以隶书写定《诗》《书》《易》《仪礼》《春秋》《公羊传》《论语》七经，刻成石碑，立于洛阳太学，这就是熹平石经。它是中国最早的官定儒家经本。

借用这一套理论，夺得了刘氏政权。

到了东汉，皇权就禁止再假借天命批评时政。相对于西汉而言，东汉儒家的学术活动走向了经典化。儒生的精力不再放在董仲舒等人发展的形而上学和知识论上，而是谨守经典传承的家法，转向整理经典，致力于训诂和阐释，不再注意理论上的进一步推展。

儒家学说的固定化，使儒家思想变成僵化的系统。这个系统丧失了西汉时代的活力，为了利禄，许多学者成为皇权的拥护者。东汉晚期，许多太学生投身政治活动，抗议宦官外戚的专权，却没有批评皇权的根本。

西汉开始发展的三个系统——政治系统、学术系统和经济系统，建构了中国的大网络。到东汉时，政治领域和学术领域的网络都出了问题。

政治领域方面，原本意在选拔贤能的察举制度日久弊生。地方层次逐渐出现既得利益集团，豪族彼此提拔，将自己的子弟"察举"进入文官系统。各地的世家大族一代又一代地垄断社会资源，俨然成为地方上的统治阶层，本来相当活跃的社会流动逐渐僵化。中央层次，又有依附皇权的宦官和外戚，狐假虎威，窃取权柄。中央与地方之间、皇室和文官系统之间，争夺权力，冲突不断，国家的统治力遭到削弱。这就为东汉末年以后中国的分裂埋下了伏笔。

在学术方面，僵化的儒家思想系统已经无法应对变化的时代，也不能应付道家思想的复兴和外来佛教思想的挑战。终于，传入中国的佛教吸引了大量信徒；回应佛教的道教也拥有庞大的信众。其中有些门派组织了汉末大规模的武装集团，如黄巾❶、五斗米道❷等，大乱一起，势如燎原。在3世纪的时候，天下分裂为三国，又面临外族侵略的挑战，中国陷入了长期的战乱，三四百年不得安宁。

秦汉帝国及其以后的外族入侵

中国历史上，不断有外族挑战中原。秦汉两代，北方草原的游牧民族和长城以内的农耕社会，一向在长城两侧呈对峙之势。匈奴游牧帝国的强大战斗力量迫使中国筑长城，隔离内外。

基本上，中国以守边为主，偶尔出击，保持僵持的局面。武帝时代，汉朝动用全国的人力、物力，也不过扳了

---

❶ 黄巾　中平元年（184年），张角相约信众以"苍天已死，黄天当立，岁在甲子，天下大吉"为口号兴兵反汉；"苍天"是指东汉，"黄天"指的就是黄巾党。起义军以黄巾裹头，被称为"黄巾军"，共经历了九个月的斗争，动摇了东汉王朝的统治。
❷ 五斗米道　道教早期派别之一。以《道德经》为主要经典，主要在农民中传播。入道者须交五斗米，因而得名；因教徒尊张道陵为天师，故又称"天师道"。

个平手。利用匈奴内部的矛盾，拉拢南单于，还是未能平
伏漠北。

从东汉开始，1 世纪末到 7 世纪，全球进入小冰期，气
候干冷，中国北方的长期严寒削弱了匈奴的实力，中国才在
对匈奴的战争中取得优势。公元 89—91 年，窦宪❶北征，
最终将困于长期严寒中的匈奴打败。从此，匈奴人离开草
原向西迁移，在中亚暂时立足。匈奴的过境，导致了中亚
一连串的变动，由此引起的多米诺骨牌效应，远及西方出现
的"蛮族入侵"的历史。此是后话，下文再说。

庞大的游牧帝国——匈奴灭亡以后，北方草原上许多
本来附属匈奴的族群，纷纷建立自己的部落。这些族群基
本上力量还不强大，也未必具体地按照文化与血统组合，其
中有些散户不论其来自哪个族属，都被吸入附近的部落。

当时，北方气候寒冷，草原上的部落一拨儿一拨儿向
南迁移。匈奴故地，先有匈奴留下的余众及其近属——羯
人，接着有乌桓，后来还有原在东北的鲜卑。西北则是羌
人和氐人的天下，他们崛起于青藏高原下的坡地和草原。

---

❶ 窦宪（？—92 年） 东汉扶风平陵（今陕西咸阳西北）人，字伯度，
其妹为章帝皇后。章帝死后，和帝继位，窦宪操纵朝政。永元元年
（89 年），窦宪任车骑将军，率兵击败北匈奴。永元四年（92 年），
和帝与宦官郑众定议诛灭窦氏，窦宪被迫自杀。

1971 年发现的和林格尔汉墓壁画，从墓室壁画内容及榜题可知墓主即护乌桓校尉

乌桓人移入中国北方，被北方军阀编入军队。在此组壁画中，有不少乌桓、鲜卑人物形象。

在这些族群中，乌桓最先移入中国北方，被北方军阀编入军队。曹操的骑兵，即是乌桓骑士。羌人早已是东汉边患；东汉军阀董卓就拥有彪悍的氐羌骑兵。至西晋因为内乱终于崩溃时，这些北族中不少个众因为北方寒冷、牲口冻死而逃荒南下，进入中国，为奴为佣——后赵君主石勒❶就曾经被人掠卖为奴。更有武装部落成群迁移，纷纷跨过边境，进入中国内地，先后建立了十六个国家❷，此起彼落，互相吞并。最后进入中国的鲜卑拓跋部，统一了淮河、汉水以北的旧日中原。

北族建立的诸国，并没有发展为列国并存的体制。各个部落的首长，都想夺取整个中国，无论国家如何微小，都自称"天子"或"单于"。拓跋氏的北魏不断地吸收中国文化，赢得留居北方的汉人地方领袖的合作，终于演化为中国模式的王朝。这一发展方向和欧洲蛮族入侵后各自建立国家的方式颇有差别。北方的胡、汉人口不断混合，尤其是北魏的华化政策鼓励胡汉通婚，屡次改换姓氏，遂使胡、汉族群的标志泯灭无存。

---

❶ 石勒（274—333 年） 十六国时期后赵的建立者，字世龙，上党武乡（今山西榆社北）人，羯族。

❷ 十六个国家 成汉、二赵（前、后）、三秦（前、后、西）、四燕（前、后、南、北）、五凉（前、后、南、北、西）和夏，史称"十六国"。

永嘉南渡❶，大批汉人陆续迁移到长江流域和南方腹地。汉人在江南建立政府，朝代五次更迭。中国南北长期分裂，号为南北朝，达三个世纪之久。北方扰攘，汉人向南迁移，乃是长期而缓慢的过程，从东汉时期就已经开始。经过三国以至永嘉以后汉人在南方的扩散，南方中国的文化面貌延续深度的演化。

汉人不断地经交通干道进入南方的山林地，先是到达南方主要港口，再经过支流的河谷网状地带分散开来。汉人开拓者几乎掌握了中国东南部和西南部，在这个过程中，非汉族的少数族群，有的迁往别处，有的同化于汉族。南方经过两百多年的时间，终于和整个东南部及西南部一起，被完全吸入中国文化圈。无论是在北方还是在南方，汉人仍然是"外族"，各地人口的血统不断混合，构成了多元的泛中华族群。

隋唐帝国完成中国文化的再次整合

在文化方面，儒、道、佛三家的学术思想在这一过程

---

❶ **永嘉南渡**　西晋永嘉之乱后，出现了规模空前的民族大迁徙浪潮，北方汉族人民为逃避战乱和民族冲突，纷纷举族南迁，大量人口从中原迁往长江中下游，史称"永嘉南渡"。

中也有所发展。佛教依附胡人君主的庇护，得以传播，如
来自天竺的鸠摩罗什❶等人就翻译了不少经典，华僧竺道
生❷、慧琳❸等人也纷纷阐释经义，传教工作迅速开展，为大
乘佛教的华化奠定了基础。道教则由古老的巫觋❹信仰，经
过陆修静❺、葛洪❻、寇谦之❼等人的努力，吸收道家的哲学思
想，发展为关于自然和生命的深邃神学，也制定了许多仪

---

❶ 鸠摩罗什（Kumārajīva，344—413 年） 后秦佛教学者，与真谛、玄奘
并称为中国佛教三大翻译家，原籍印度。鸠摩罗什与弟子僧肇等八百
余人，共译出佛经七十四部三百八十四卷，对中国佛教影响很大。

❷ 竺道生（355—434 年） 即道生，东晋佛教学者，本姓魏，幼年从
竺法汰出家，改姓竺。后来他成为鸠摩罗什著名弟子之一，主张佛性
人人"本有"。

❸ 慧琳 南朝高僧，生卒年不详，本姓刘，著有《白黑论》，受宋文
帝雅重，另有《文集》十卷。

❹ 巫觋 古代称女巫为巫、男巫为觋，合称"巫觋"。

❺ 陆修静（406—477 年） 南朝宋道士，字元德，吴兴东迁（今浙江
吴兴东）人。宋明帝泰始三年（467 年）奉召广集道经，加以整理，
初步奠定《道藏》基础，他所撰《三洞经书目录》，是最早的一部道
藏书目。

❻ 葛洪（约 284—364 年） 东晋道教理论家、医学家，字稚川，丹阳
句容（今属江苏）人。葛洪把道家术语附会到金丹、神仙的教理中，
使道教思想系统化、理论化，并和儒家的名教纲常思想相结合。

❼ 寇谦之（365—448 年） 北魏道士，字辅真，上谷昌平（今属北京
市）人。他十八岁入华山学道，后隐居嵩山，除"三张"（张道陵、
张衡、张鲁）之教法，改以礼拜求度为主，服食丹药、闭炼精气为
辅，并制定乐章诵诫新法。

轨，俨然成了吸引众人的宗教。三家互相吸收其他学派的成分，逐渐融合为中国独有的思想学说。

由于政治不稳定，货币缺乏信用，经济遂转变为以谷、帛为交易单位的自然经济。不过，前面曾说过的资源交换网络系统，有助于区域间的资源交流。中国北方和南方虽然政治分离，但仍无法摆脱经济上的彼此依赖。而且，经济网络的整合，终将有助于政治上的再度统一。

7世纪，中国第二次统一为大帝国——隋唐大帝国。但仔细察看，我们可以看见，中国北方的民族成分改变了北方人口的基因。今天，中国北方人的基因成分和南方人有显著差异，身高、体重、骨骼都相当不同。北方吸纳了蛮族，南方则吸纳了少数民族。在这些少数民族中，有一些人向海洋发展，成为所谓的南岛系统❶。

中国文化在思想方面有高度的一致性，但南方人和北方人的生活习俗却有相当大的差异。以饮食而言，北方是面食，南方是米食；以语言来说，北方逐渐建构了一套后世

❶ **南岛系统**　分布于西自非洲东南的马达加斯加岛，东至智利的复活节岛，北自中国台湾岛和夏威夷岛，南至新西兰岛，1706年荷兰人H.莱兰特发现了南岛诸语言的亲属关系。

称为"北方官话"❶的语言体系，而南方古代汉语则吸收了少数族群的语言特色，构成了许多不同的方言区。

中国人的思维方式，虽然还有相当的一致性，但内部也呈现出多元化的状态。如前所说，曾一枝独秀的儒家学说，实际上到了这个时候显得活力不足，面临佛、道二教的挑战。佛教和道教也互相影响。到隋唐时代，甚至宋代，三家才有了进一步的发展和整合，也逐渐走向成熟。

总结而论，从秦汉到隋唐的统一，历经将近一千年的时间，是中国从盛而衰、合而分再到合的过程。文化也由此经历了从单一趋向于多元、集中趋向于分散，分散之后又重新整合的阶段。这种整合最终在隋唐时期完成，我们已经陈述了其若干特色。在下一节中，我们将陈述欧洲中古时期的发展，并与中国模式作对比。

罗马为何能建立如此庞大的帝国

中国的秦汉大帝国时期，在西方大致相当于希腊亚历山大建立大帝国的时期。不过亚历山大帝国为时甚短，其

---

❶ 北方官话　旧时指汉语中通行较广的北方话，特别是北京话。现在也用来统称北方话（官话区）诸方言，如华北官话（华北方言）、西北官话（西北方言）等。

继承者是罗马帝国。在中国典籍上，罗马帝国被称为"大秦"，原因是对中国的使者来说，西方有一个和中国差不多庞大的大帝国，他们知道中国的大帝国是"秦"，就把欧洲的大帝国称为"大秦"。从这一名称可知，当时世界上中西两个帝国是相提并论的。

罗马在建立帝国以前，只是意大利半岛上的一个城邦。一批拉丁语系的雅利安人，很早就在意大利半岛与大陆接近的地方建立了部落联盟。在希腊文化笼罩东地中海的时代，也就是"泛希腊化"时代，这些雅利安人部落联盟建立了希腊式的城邦。部落中的贵族号为城邦的公民，他们学习了希腊式的城邦民主制度，即建立了具有三个层次的权力结构：先成立公民大会；选出一个百人会——代表主权的元老院；再选出治理城邦的行政官员。

到了公元前 1 世纪，大将恺撒立下功劳，被选为终身执政官。贵族们不愿意看见共和体制被破坏，于是刺杀了恺撒，权力逐渐转移到恺撒的养子屋大维❶手上。屋大维终于成为君主，号为"奥古斯都"——伟大。至此，罗马帝

---

❶ 屋大维　即奥古斯都（Augustus，前 63—14 年），古罗马皇帝（前 27—14 年在位）。恺撒之甥孙及养子。原名盖约·屋大维（Gaius Octavius），公元前 27 年元老院奉以"奥古斯都"（拉丁文意为"神圣的""至尊的"）尊号，后世即以此称之。

卡尔·冯·皮洛蒂绘画《恺撒之被杀》

恺撒建立独裁统治，集执政官、保民官、独裁官等大权于一身，令反恺撒派十分恐惧。被以布鲁图和卡西乌斯为首的共和派暗中刺杀。

国出现了。

从公元前 2 世纪到公元 5 世纪，罗马帝国掌控地中海周边地区达六百多年，疆域广大、人口众多。它与当时的秦汉帝国遥遥相对，可与之并称为当时最大的两个国家。罗马城能够从一个"泛希腊文化"地区边缘上的小城邦，一跃而成为大帝国，自有其机缘。

罗马地居意大利半岛的北端，腹地比希腊任何城邦都要大，也比马其顿本土的疆域大。这个地方物产丰富，葡萄酿酒、橄榄榨油，波河冲积平原上则盛产食盐，这三种商品在古代世界是很重要的经济资源。罗马共和国位于意大利半岛，东西两岸均易于与地中海各处联系，半岛和大陆连接的腹地也便于罗马和欧洲大陆交流。地理位置方便，加上本身物资充沛，因此，相对于希腊世界的其他城邦来说，罗马具有一定的优势。

罗马，一个小小的城邦，通过不断的征战和兼并，终于成为大国。在城邦时代，经过延续三个世代的战争，罗马终于击败了强敌——北非的迦太基❶，将北非的土地收为

---

❶ 迦太基（Carthago 或 Carthage） 非洲北部（今突尼斯）的古国，约公元前 814 年由腓尼基城邦推罗的移民所建，前 7—前 4 世纪发展成为西地中海的强国。

罗马的殖民地。迦太基是腓尼基❶人建立的商业帝国,在鼎盛时代,不只比罗马强大,甚至比希腊的联邦还要强大。

罗马花了一百多年的时间赢得了胜利,然后便屠杀迦太基的居民,毁其农田,其手段之残酷,在三次布匿战争❷中暴露无遗。迦太基大将汉尼拔❸的突击战和罗马大将费边❹的持久消耗战,都是战术史上的典范。

也是在城邦时代,罗马征服了北方的高卢(今天的法国地区)。这场战争也很残酷,恺撒就是在高卢战争中获得了胜利,率远征军回朝,取得了共和国的绝对权力。罗马也不断地和欧洲大陆中部及靠近东部的日耳曼人发生冲突,而且日耳曼人还时常得胜。不过,日耳曼人并没有国家组

---

❶ 腓尼基(Phoenicia) 地中海东岸的古国,约在今黎巴嫩和叙利亚沿海一带。腓尼基人以航海、经商和贩运奴隶闻名,他们广建殖民地,迦太基为其中最大者。

❷ 布匿战争 古罗马与迦太基争夺地中海西部统治权的战争,布匿(Poeni)是罗马人对腓尼基人的称呼。战争共三次,结束后,罗马争得西部地中海的霸权。

❸ 汉尼拔(Hannibal Barca,前247—约前183年) 迦太基统帅。公元前218年春,率军远征意大利,是为第二次布匿战争之始。扎马战役失败,后亡命叙利亚(前196年),自杀于小亚细亚的俾提尼亚。

❹ 费边(Fabius,约前280—前203年) 一译非比阿斯,古罗马统帅。他数度担任执政官,后出任独裁官。他采用迁延战术与汉尼拔军相周旋,并得胜,也曾被讥称为"康克推多"(Cunctator,拉丁文意为"延宕者"或"迟缓者")。

织，因此部落的实力分散，最终被罗马击败。罗马人征服埃及，也不是一次就取得成功的，而是经过多次的大军攻击，才夺取了这片肥沃的尼罗河河谷。

罗马帝国是一个松弛的复合体

罗马帝国的行政机构和秦汉有很大差别。罗马将征服的土地编为行省，在极盛时期，罗马帝国下辖有将近两百个行省。这些行省分成两类，一类由执政官管辖；一类由元老院管辖。执政官管辖的行省，由前任的执政官或将要担任执政官职务的人率领大军，镇守管理——这些行省往往是富庶或有战略重要性的地区；元老院管辖的地方，则是已经完全降服的、无背叛之虑的地区。所有的行省都要向罗马政府缴纳税收，也有义务提供劳力。

罗马帝国本身是一架战争机器，倚仗武力，劫夺地中海地区各处殖民地的资源，以支撑自身的运转。这些行省中都没有秦汉时期的中国那样的郡县制度。

罗马的政权阶层和当地原有的统治阶层合作，收夺该地的人力和物力。罗马帝国本土与各省之间通常有专定的条约，因此各个属地和罗马帝国本土之间的关系并不完全一致。有的属地只要缴纳当地资源，就依然拥有相当大的自主权，原有的统治阶层还保持着他们原有的地位，没有受到很大影响。这种殖民地和宗主国上层之间的结合，使罗马帝国成为一个松弛的复合体。

举例言之，《圣经》记载，耶稣被害时，希律❶就是犹太的王，彼拉多❷是罗马帝国派去的总督。以色列如果不是大省，彼拉多也不会拥有大量的罗马驻防军。希律王和以色列原有的律法师、法官等，都还是统治以色列的重要人物。从这些安排中，我们可以了解，罗马帝国依靠的不是一个整合成功的行政机构，而是征服并驻守在该地的军队。罗马需要不断地征发新兵，组织大军，兵锋四出，才能维持和扩建这个庞大的帝国。

这一军事占领的特性，成为罗马帝国的弱点。作为意大利北端的一小块地方，不可能提供源源不断的兵力。于是，当罗马本身的人口不足以供给时，兵源往往来自附近的拉丁人或者奴隶。渐渐地，出征大军在外驻守，不能投入新的战争时，罗马就必须从拉丁人以外的族群中抽调新的兵源。这些兵源用尽之后，就必须将高卢人、日耳曼人、北

---

❶ 希律（Herod，约前73—前4年） 即希律王，公元前37年，希律王被罗马帝国任命为犹太行省耶路撒冷的统治者，公元前4年病故。耶稣遇难是在希律王的继承人希律腓力二世时期。

❷ 彼拉多（Pontius Pilatus） 全名本丢·彼拉多。1世纪时，他是罗马帝国驻犹太、撒马利亚和以土米亚的总督（26—36年在任）。据《新约全书》记载，耶稣由彼拉多判决钉死于十字架上。

非人等殖民地人口收入罗马兵团。这些新的士兵当时被称作"蛮族"，他们征讨各地，为帝国取得新的殖民地。

如此演变的后果，就是罗马帝国的根据地被掏空。同时，贵族阶层及公民可以享受各处进贡的资源，过着悠闲而奢侈的生活。国家投入庞大的财力，让公民去观赏野兽或人类的格斗，同时也为公民提供一定的生活费用。

罗马许多巨大建筑的遗迹，至今令人惊叹。环抱帝国的地中海等于是罗马的内海，罗马帝国的船队为罗马城市运回消费品。这样的经济结构，必然滋生城邦以外的新聚落。沿海的港口都发展为商业城市，这些新兴城市在罗马帝国时代逐渐壮大，甚至因为拥有独立自主的资源而成为城邦与行省之外的另一类经济体。

三四世纪以后，这些新兴城市成为欧洲社会一种独特的行政单位，由当地财富维持其相当程度的自主性。相对而言，罗马帝国大部分地区还处于庄园经济的阶段，即由庄园的领主、罗马兵团的将军、当地的贵族指挥从战争中掳获的奴隶或者不具公民身份的族裔，令他们无偿地耕种田地，操持劳役，以支撑庄园主人的生活，也支撑着各个行省向罗马进贡资源的能力。

意大利古罗马斗兽场废墟外景，至今令人惊叹

古罗马帝国投入庞大的财力，建设专供奴隶主、贵族和自由民观看斗兽或奴隶角斗的斗兽场。

军人专政帮助基督教成为罗马国教

罗马的中央政府尽管已是皇帝体制，但元老院和百人会议代表公民，对执政官依然有相当大的约束力。罗马的中央政府没有秦汉帝国那样的系统训练机制，官员基本上都是从百人会议中选举产生的，包括执政官。

实际上，禁卫军的军官才真正掌握着推选元首的权力。罗马的君主很少能子承父业，那些被称为养子的继位者，其实也就是有实力的军官。禁卫军的军官有力量册立新君。这种军人专政的体制，也与罗马帝国以军事手段征服、掠夺并维持帝国的特点相符合。

罗马军队逐渐改由蛮族组成，日耳曼人成为最大的兵源。这些蛮族实际上决定了谁来掌管罗马帝国的政权。君士坦丁大帝在争夺权力的过程中，发现禁卫军的主力——蛮族——都成为基督徒之后，便不得不借重基督教来赢得他们的支持，最终取得了帝位。这才是基督教从地下转到地上，成为罗马国教的主要原因。

基督教是由犹太教衍生出单一真神信仰，并与希腊斯多葛思想结合而成的启示性宗教，主张人在上帝面前皆平等，上帝的救赎使人脱离困厄、得到平安。此信仰，对于蛮族来说有极大的吸引力。蛮族的军士本来不过是雇佣兵，甚至是担任劳力工作的奴隶，普遍居于社会弱势地位。基督教为他们提供了精神安慰，也提供了穷苦人彼此之间的内聚力。

在基督教被君士坦丁承认为官方宗教之前，它在城邦的保护神信仰势力心目中乃是异端。因此，基督教教徒的聚会必须偷偷进行。今天罗马城的地下坟场遗迹，就是当年早期基督教教徒秘密聚会的地方。传播基督教的使徒都是穷人，有的是渔夫，有的是雇工。彼得就是一个穷苦的渔夫，他曾徒步走进罗马城宣教。

在君士坦丁大帝承认基督教合法地位以后，这一简易而又承诺救赎的信仰不仅吸引了穷苦群众，也渗入城市的知识分子和贵族阶层之中。基督教传教士广泛地传播了基督教信仰。

在这一阶段，知识分子进一步整理，将斯多葛派和罗马大城邦当年的希腊城邦精神都编入基督教教义，奥古斯丁❶撰写的《论上帝之城》，就是这一努力的重要成果。他的自传《忏悔录》，描写的就是一个本来不是基督教教徒的知识分子转信基督教的过程。奥古斯丁所确定的几项重要教义，譬如圣父、圣子、圣灵三位一体，善恶之间的区分，神是全能的、善的，人的救赎和蒙恩乃是神定的，等等，至

---

❶ 奥古斯丁（Aurelius Augustinus，354—430年） 古罗马基督教思想家，教父哲学的主要代表人物，生于北非的塔加斯特（今阿尔及利亚的苏格艾赫拉斯）。

奥古斯丁

他用新柏拉图主义论证基督教教义，把神学和哲学结合起来，提出"理解为了信仰，信仰为了理解"的论点。宣扬"恩宠论"，认为人只有依赖上帝的恩宠才能得救。提出"预定论"，认为善人灵魂升天为上帝所预定，恶人灵魂下地狱为上帝所预知。图为文艺复兴时期画家波提切利（Botticelli，1445—1510年）所绘的奥古斯丁画像。

今还是基督教的主要教义。

蛮族诸国与五胡十六国的差异

5世纪，西罗马帝国灭亡，只剩下东罗马帝国。东罗马帝国又维持了一千年之久，后来称为拜占庭帝国，其东方文化色彩比西方文化色彩更为强烈。因此，东罗马的历史不在讨论之列，我们还是以欧洲历史为探讨的对象。

西罗马帝国受到蛮族入侵，第一拨儿是西哥特、东哥特等族群，前面已经提过；第二拨儿是没有参加上述侵略的日耳曼族群，他们也纷纷建立自己的部落国家。罗马帝国灭亡之后，这些日耳曼部落以及罗马军队中的一些单位，在罗马帝国的腹地，亦即今天中欧至中欧的东部，建号立国，自称王侯。法国的高卢人、英伦三岛上原有的凯尔特人以及后到的法兰克人，也纷纷建立自己的小国。

新的蛮族也从欧亚边境大批拥入欧洲，其中便包括在中国北方被汉族击败从而向西移动的匈奴。小冰期干寒的恶劣气候，又使得匈奴人不得不继续向南移动，沿里海、黑海一线迁徙。

族群移动在欧亚大陆的内地产生了多米诺骨牌效应，一拨儿推动另一拨儿。西哥特、东哥特人从今日的东欧取道东西向的平原和谷地，进入法国，有的向南进入西班牙，有的进入英伦半岛。最后一批汪达尔人❶，不得不渡过地中海进入北非。另外一批就沿着波罗的海两岸移动。最后一批诺斯人❷（北人），经过北海进入英伦三岛，成为最后一拨儿蛮族征服者。这些蛮族族群，在各地成立了王、公、侯国。

这些国家和"五胡乱华"❸时代胡人在中国建立的十六国很不一样。如前所述，五胡十六国都想要取得全中国，他们自称帝号，目的是整合中国的天下；而这些欧洲蛮族国家却是各自为政，互不干涉。最后，这些部落国转变为近代民族国家，列国体制随之形成。

在这些蛮族中，有一支匈牙利人最后打到了罗马城下。今天的匈牙利人自称匈奴人的后代，不过他们与当年中国北方草原的匈奴人其实并不完全相同。经过三百多年的迁移，匈奴人到达欧洲边界时，已经成为白匈奴，可见他们吸收了

---

❶ 汪达尔人（Vandals）　日耳曼人部落的一支，经高卢（今法国）迁至西班牙的汪达尔人，429 年在其军事首领该撒里克（Gaiseric，约 390—477 年）率领下，渡过直布罗陀海峡进入北非，占领大片地区。439 年夺取迦太基城，建国。

❷ 诺斯人（Norseman）　也称诺尔斯人、北人、北蛮人，属北日耳曼语支。意为"来自北方的人"，主要指中部与南部的北欧人。

❸ 五胡乱华　指中国西晋时期，塞北多个胡人游牧部落联盟趁中原王朝衰弱空虚之际，大规模南下建立胡人国家而造成与中华正统政权的对峙。"五胡"指匈奴、鲜卑、羯、羌、氐五个胡人的游牧部落联盟。

很多雅利安人的血统。今天的匈牙利人，尽管具有中国古代匈奴的血统，但已经是成分复杂的民族。

在思想方面，上面已经提过，基督教会"驯化"了欧洲蛮族，基督教神学思想成为欧洲思想的主流。奥古斯丁本来是摩尼教的信徒，他在放弃摩尼教改信基督教时，宣称只有基督教的上帝是真正的神，否定其他宗教的神——这是一种专断、排他的信仰。

当然，基督教也吸收了欧洲各地的许多本土信仰。日耳曼人、诺斯人等，本来信仰"天"，认为天是大神。他们的信仰，部分被基督教吸收到"上帝"的定义之内。欧洲许多异端的庆典和节日，也被纳入基督教之内，比如复活节本来是欧洲高卢人和凯尔特人庆祝春天来临；基督耶稣出生的圣诞节，本来是欧洲地区认为的冬至，他们相信冬天走到尽头会重新开始；基督教里许多圣者就是原来当地的保护神。因此，基督教一方面融合，一方面排斥，将欧洲文化整合成了排他的基督教文化。

这一过程和佛教进入中国的方式大不相同。佛教进入中国，刺激了道教的成长，也使得儒家思想加入了新的成分，佛、道、儒三家是共存的多元文化。中国思想一向包容和多元，也因此和在欧洲成为单一排他的基督教走了两条不同的路线。

前面说过，沿海城市和陆地主要交通枢纽城市，如那不勒斯、威尼斯、佛罗伦萨、科隆等商业城市，它们聚集和累积财富，逐步成为新兴小国这样的无法控制的自主个体。在欧洲的城市与腹地农村的领主地区，两种不同的经济形态共存互济，但是没有整合。相对而言，农业和手工业合一的市场经济，在中国编织为一个巨大的经济网络。凡此发展的差异，显示了在中古时代，欧洲和中国的形态具有很大的不同。

第五章

中西中古时代的文化重整

经过五胡乱华和南北朝时期的民族大混合与家国离散，直到隋唐时期，中国才将分裂的南北方重新组成一个统一的国家。在这段时间里，各民族的成分和文化都经过整合，形成了多元的新局面，经济方面也发生了很大的改变。

大唐帝国体制复杂的优势与隐患

先从政治方面说起。北魏统一北方，已经在很大程度上恢复了核心地带的国家体制。然而，北魏末年，尔朱荣❶

---

❶ 尔朱荣（493—530 年） 字天宝，北秀容（今山西朔州北）人。北魏武泰元年（528 年），进军洛阳，杀太后、少帝与百官两千余人，立孝庄帝，任都督中外诸军事、大将军兼尚书令，专断朝政。后为孝庄帝所杀。

带领胡汉混合部队攻入中原，中原地带又出现东西分裂的态势，不久，北周以关中为基地，终于再度统一了北方。隋、唐都是北周府兵❶集团的继承者，是北周军事力量的后人。

隋、唐两代以府兵起家，整合为世袭的军事集团，成为统一天下的势力。唐代的李世民巧妙地收服了山东豪杰，使之成为唐室的一支军事力量。结合府兵和山东的武力，唐朝才能将隋朝征服的南方重新纳入以中原为基础的大伞之下。

汉朝崩溃以后，北方的汉人以坞堡❷自保，在各地保存了汉文化。同时，永嘉南渡以后，南下的北方大族和长期在南方开拓的豪门，也在保存文化的机制下，转变成为唐朝统治阶层的核心部分。一直到中唐，南北各地的大姓豪门，其世族力量始终强大，这些世族中也包括府兵的后代和山东豪杰的后代。

武则天统治时期开始晋用科举及第的文人，但是大族以外的文人并未能取代世家大族的势力。唐代中期以后，

---

❶ **府兵**　西魏大统年间（535—551年）宇文泰所建。共二十四军，由六柱国分领，下设十二大将军、二十四开府，军士由各级将领统率，另立户籍，与民户有别。

❷ **坞堡**　三国两晋南北朝时期以强宗大族为核心的屯聚守御和生产组织。战乱岁月，北方地区的世家豪宗为躲避战祸和游牧民族的侵扰而召集宗族乡党建立便于守御的聚落群，称为坞堡。

朋党之争，仍然是这两股力量的对抗。直至晚唐，进士和豪门大族还在角力，科考选拔的进士仍然无法完全取代世家大族。此文、武二途的整合，熔铸了大唐帝国，使其开疆辟土，建立了一个比汉朝更强大的国家。这个巨大的帝国，实际上应当分成两个部分：一部分是本土，皇帝制度、文官制度治理着帝国本土的百姓；另一部分，尤其西半部，即从今天的河西走廊直到阿富汗，加上西北边境，大部分居民都不是汉人的族裔。唐王朝在这些地方设立羁縻府州❶，当地的部落领袖接受唐代地方政府的提议，奉中国的正朔❷，将领地纳入唐帝国的版图，原来的首长仍旧治理当地百姓。

东方的朝鲜半岛和日本群岛上的国家，在一定程度上受中国管辖，却只是外藩，中国对他们以客礼相待。同样，南方诸国，即今天的中南半岛以外，也只是奉唐朝为宗主国。因此，唐朝设立的帝国体制，包含了至少三种不同形式的统治权，构成了一个复合的帝国。

---

❶ **羁縻府州** 唐、宋、明各朝在少数民族地区设置的地方行政单位。唐在边远地区设置羁縻都护府、都督府、州、县四级，共八百多个，由中央任命各族首领为都护、都督、刺史、县令，世袭，受都护府、边州都督或节镇统辖。

❷ **正朔** 指一年第一天开始（正，一年的开始；朔，一月的开始）的时候，所以也用正朔来代表历法或皇帝的年号。奉正朔即遵从奉行王朝的年号和历法，表示对王朝的效忠和拥戴。

至于草原上的许多族群，强大的大唐帝国足以使他们屈服。不过，他们不奉唐朝皇帝为皇帝，而称其为"天可汗"。天可汗是众多可汗中最大的可汗，等同于联盟领袖。

从以上所说的形态看来，唐代帝国的复杂体制，已不同于汉代以内地为主的体制。唐代中国兼容并蓄，器宇宏大，与基础厚重的汉代相比可谓各具特色。唐朝改变了汉朝的丞相体制，中央的权力没有汉代的丞相府集中。唐代的丞相不是只有一个人，相权可谓由集体领导，至少有代表皇帝的中书省、代表中央政府最高权力之一的尚书省和监督朝廷的门下省三省首长共同办事，从而构成了一个集体权力结构。所以唐朝的宰相是一个团体，不同于汉朝一个丞相的制度。

这一集体领导体制自此在中国历朝延续，直至清代，除元朝之外，基本没有改变。同时，宦官常常参与皇室政治，构成强大的内廷，干预外朝的政策和执行。这一现象在后世的历史上，以明代的宦官干政最为严重。内廷凌驾外朝，遂引起许多问题。

唐代藩镇❶强大，乃是安史之乱的原因。北方沿边的节

---

❶ 藩镇　唐代初年在重要各州设置都督府，睿宗景云二年（711 年）设河西节度使。至玄宗时，在边要诸州地设置十节度经略使，通称"藩镇"。

度使掌握军、民、财政三方面的权力，造成藩镇尾大不掉的局势。尤其在北部，中唐以后，藩镇地方割据，不执行中央政令，北边一大片土地形同独立。

对外贸易为唐朝带来了经济繁荣

在经济方面，唐代的行政体制反映了经济结构的特色。唐代设立的"道"，不同于汉代的州郡。州郡是拥有相当自主权的地区，而"道"字顾名思义，乃是以中原"双核心"——长安与洛阳，辐射出去的一条条路线。管辖"道"的首长最重要的工作就是转运物资，将各地的资源输送到中央政府。这样的结构，反映了唐代根本的经济形态：全国各地不同的产品，经过这个物流机制，构成有无相通的经济网络。

上一章已经说过，汉代覆亡以后，中国的经济逐渐转变成以实物交换为主要形式的自然经济，唐代统一后，恢复了汉代已经存在的市场经济。在"道"的网络中，自然经济才有可能再度转变为货币经济。

当然，唐代经历了相当长的稳定时期，使中国的物产得以经国际贸易运达四方。经过北方的丝绸之路、南方的海运，丝绸、茶叶、瓷器和其他各种工艺品，为中国赚得许多财富，也使中国的经济长期稳定、繁荣。因此，即使北方颇多战乱，南方的安定也维持了全国经济的荣景。

在民族的构成方面，如上一章所说，胡人进入中国以后，经过北朝的长期同化，胡人的血统和文化注入了中国的族群结构。到了唐代，北朝的许多姓氏虽然是胡姓，但已经和汉人无所分别。

另一方面，唐朝一代，中国文化不断吸收新的外来文化。唐代沿边节度使的军事力量基本上都是胡汉混合，尤其在安史之乱时，安禄山的基地（今天河北和辽河流域）混合着各种北方胡人。所谓胡人，乃是不同族群的混血，安禄山就是突厥族和东方胡族的混血儿。

为了平定安史之乱，唐朝中央政府的军队也用了不少西北的胡人，甚至从回纥和吐蕃借兵平乱。这些替唐朝平定安史之乱的部队，本身就已经是胡人混合体。甚至可以说，安史之乱时，中原之地尽是各种胡人交战的战场。东北地区的藩镇，在安史之乱以后依旧独立，不受朝廷号令。胡人文化在北方长期延续。

往西面看，丝绸之路开通，中亚商人进入中国，行商坐贾。很多中亚来的粟特❶商人长期居留在长安附近，逐渐

---

❶ 粟特（Soyd 或 Sughda）　中亚细亚古地区名，语言属伊朗语族，其语言和文字流行甚广。与中国（自汉朝以后）有经济和文化联系，其地即中国隋唐时的康国一带。

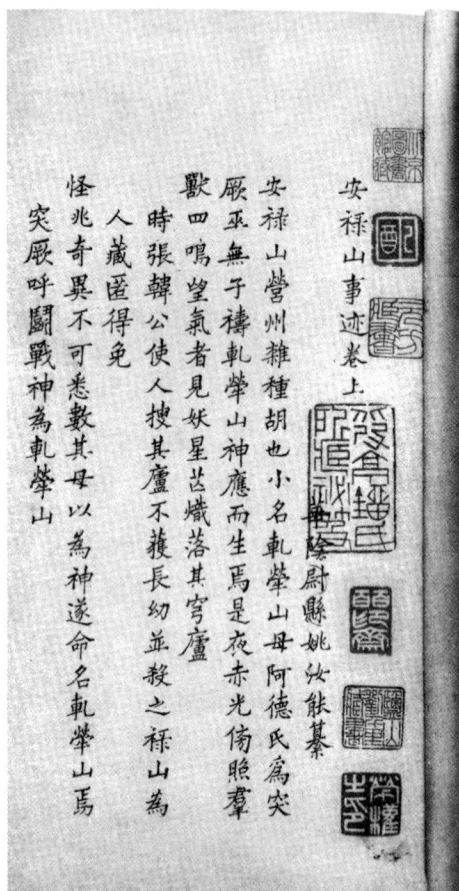

清刻本《安禄山事迹》

唐姚汝能编撰，记载了安禄山的详细资料，包括他历次
受任的官衔及唐玄宗赐予他的器物等。

融入关中百姓。他们虽然保持了祆教这一信仰，实质上却逐渐变成汉人的一部分。

伊斯兰力量兴起后，中亚各国都受到了伊斯兰扩张的影响，西方羁縻府州的很多首领率领民众逃入中国本土，要求中国接纳他们，在内地居住。这些从中亚进入中国的族群人数以百万计。唐室将这些难民安置在今天的甘肃、宁夏直到山东一带，那里在当时处处都有他们的聚落。

因此，从整体而论，在隋唐时代，中国接纳、融合的北方和中亚草原民族，为数实在不少，尤其是河朔❶一带。安史之乱以后，经过残唐五代，契丹取得了燕云十六州，这一大片土地长期没有回归到中国中原王朝的体制之内。契丹人建立辽国，占据了中国北部的大片地方，其基础就是这些汉、胡混合的族群。我们甚至可以说，那时的中国已形成了一个南北朝的雏形。直到辽、金、元，北方和南方一直维持着分裂的形态。

面临佛、道挑战，儒家思想"再出发"

在文化方面，频繁而活泼的对外交通，带来了许多外来文化，佛教、祆教、摩尼教等都进入了中国。当然，佛

---

❶ 河朔 地区名。泛指黄河以北。

教进入中国为时已久。在唐代，佛教在中国的发展逐渐本
土化，佛教不再被视为外来宗教，儒、道、佛三家并行。
与佛教相比，儒家反而居于弱势地位。道教以老子为始祖，
李家的唐代皇室以道家为皇室的宗教，在皇室的庇护下，道
教也十分发达。这三大信仰再加上原始道家代表的思想，
共存并相互竞争。

唐朝佛教宗派林立，有的门派根据一部佛教经典形成，
有的则是由中亚已经存在的宗派延伸而来，也有人以中国思
想配合佛教教义，发展出新的本土宗派。最后，净土、禅
宗两大宗派在民间扎下了坚实的基础，而这两大宗派其实都
不是印度佛教的原始信仰。

玄奘到印度求经，当然是一代盛事。他带回来的唯识
宗❶其实是印度哲学思想建立于因明学❷的体系，博大而深
奥，不能为一般信众所理解。净土和禅宗则绕过了深奥的
学术思维，直接传达简单的信息，反而易于在一般信众中
传播，遂成为民间的重要宗派。大乘佛教在中国发扬光大，
并向东方发展，进入朝鲜半岛和日本，构成了这两个地区的

---

❶ 唯识宗 渊源于古印度大乘佛教的瑜伽行派。因主张"万法唯识"，
故名。与"法性宗"相对。实际创立者为唐玄奘及其门人窥基，因
教义过于烦琐，仅三传即衰微。

❷ 因明学 古印度的逻辑学。"因"指原因、根据、理由；"明"含有
学术的意义。因明学实即关于逻辑的学说。

宋人所作玄奘负笈图（局部）

玄奘（602—664 年）　通称三藏法师，俗称唐僧，唐佛教学者、旅行家，唯识宗创始人之一。于唐太宗贞观三年（一说贞观元年），经凉州出玉门关西行赴天竺，在那烂陀寺从戒贤受学；后又游学天竺各地，与一些学者展开辩论，名震五竺。

佛教宗派。大体上，这两个地区还是中国文化的转移。

道教尽管有皇室的支持，但思想上的发展并不大，只是整合了南北朝时期分散的理论，形成了一个完整的系统。

儒家面临佛、道两家的挑战，只有再经过一段重整的过程，才能重新出发。第一步是将经典及南北朝的注释整理成套，这是儒家文献的经典化。韩愈、柳宗元、李翱❶三人在中唐时期，各自阐释和发挥了儒家思想。

韩愈用文化的民族主义来抵制外来的宗教，他提出儒家的"道"，指出其形而上学的意义，即宇宙一切存在的本体。他的"排佛"态度，则是希望政府竭力遏制这一外来宗教的发展。他的这种态度，其实是在利用政治权威排斥异己，当然甚不可取。不过，他将中国的《周易》和孟子的思想作为依据，建立了一套儒家的形而上学，对儒学的发展作出了重要的贡献。

柳宗元则是融合儒家和佛家，态度中和。柳宗元并没有为"融合"而专门书写大批著作，他的思想散见于多篇论文之中。他主张儒、佛兼容，将儒家的入世思想与佛家的

---

❶ **李翱**（772—841年）唐散文家、哲学家，字习之，陇西成纪（今甘肃秦安西北）人，一说赵郡人。他曾从韩愈学古文，文学主张大抵同于韩愈。他所撰《复性书》，糅合儒、佛两家之说，认为人性天生为善。其说对宋代理学颇有影响。

超然信仰结合成内外兼具的超越。他甚至在佛教僧侣出家的戒律和中国伦理的孝道之间，也提出了折中的说法。在儒家之中，他特别重视孟子。他遵循儒家思想的核心，由此建立的唯心论就超越了儒家思想只谈现实的层次，进入了兼顾本体论和知识论的哲学。柳宗元也特别注重儒家"安民"的实践，他以为国家以百姓为本，吏为民役，官吏是为百姓服务而设。他身体力行，一生为百姓求福祉。他曾经参加王叔文❶领导的改革运动，后来改革失败了，他被贬谪到南方担任地方官。每到一处，他都能为当地做一些有益于百姓的工作。

除韩、柳二人之外，李翱作出了更具体的贡献。他是韩愈的学生，但是他的思想路线更接近柳宗元。他的"复性论"为宋代理学❷初步奠定了基础。他对心和性的思考，在很大程度上吸收了佛家的辩证思想，为宋代理学开启了一条很明确的道路。

正是因为韩、柳、李三人，我们才将所谓"四书"，亦

---

❶ 王叔文（753—806 年）唐越州山阴（今浙江绍兴）人。德宗时侍读东宫，顺宗即位后为翰林学士，联合柳宗元、刘禹锡等人进行政治改革。永贞元年（805 年）被贬为渝州司户，次年被杀。
❷ 理学　亦称"道学"，宋、明儒家哲学思想。汉儒（主要是古文经学派）治经侧重名物训诂，宋儒则多以阐释义理、兼谈性命为主，故有此称。

即《论语》《孟子》，再加上《礼记》中的《大学》《中庸》两篇，作为儒家理论最重要的四块基石。《大学》《中庸》两篇，其实都属于孟学；《大学》将入世之务和内心的修为当作一个连续而不能分割的过程；《中庸》则将心和性当作人的本体，认为儒家一切的观念都可以从心和性建立。

我们可以说，韩愈注重"内圣"，以儒家的内修为根本；柳宗元兼顾"外王"和"内圣"，认为在人间有益的事情，应是心性修为的提升。

宋儒渐渐建立起两宋的理学，但是，与朱熹同时代的陆象山❶，却始终坚持心和性的重要性。也正是在陆学的基础上，才产生了明代的王阳明心学。从韩愈到王阳明，儒家逐渐向哲学和内修方向发展，"内圣"几乎成为学者关怀的全部，而淑世实践的"外王"难得有人再认真讨论。柳宗元的思想遂不再被人注意。

---

❶ 陆象山（1139—1193 年）　南宋哲学家、教育家，字子静，抚州金溪（今属江西）人。原名陆九渊，后曾讲学于象山书院（今江西贵溪西南），学者称"象山先生"。他是"心学"创始人，断言天理、人理、物理只在吾心之中，认为"心"和"理"是永久不变的。

唐代以后生活、文化上的多元融合

在文化的其他方面，唐代的中国接受了许多外来因素。印度的数学和艺术在唐代是独立的学问，经过消化，这些当时所谓的"婆罗门学"终于融入中国文化；从西边和西南传入的音乐，在唐代构成了十大乐府中的九部，后来也融入了中国的传统音乐。在今天所谓的"国乐"之中，除古琴之外，几乎所有的弦乐器都是在唐代引入中国的。

在生活领域，唐初还有席地而坐的文化传统，但是经过演变，到了中唐以后，人们逐渐形成了使用案桌和椅凳的习惯。例如，五代的《韩熙载夜宴图》中，在一间接待用的起居室里，床占据了主要的空间，房间就类似于我国台湾地区的和室；床上是一个空间，床前的活动，又在另一空间。

唐代的装饰艺术，既有草原色彩，又有南方色彩，但都融入了中国的艺术。南方的许多植物成为中国的食料和药材，而从西域引进的葡萄酒、奶酪等，也经常出现在中国的饮食中。

唐朝频繁的商业活动，使许多交通中心转变成商业城市。这些商业城市是自然成长起来的，而不是官方规划的行政中心。从唐代至宋代，城市从方形的结构转向线性的结构。

线性结构的城市，最终成为中国城市的典型。譬如，

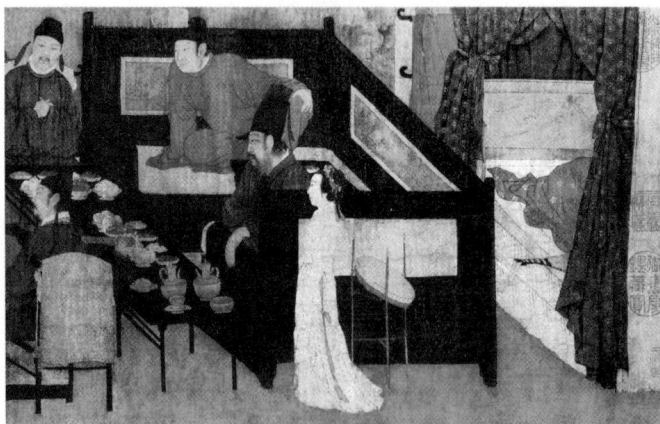

《韩熙载夜宴图》（局部）

韩熙载（902—970 年），字叔言，北海（今山东潍坊）人，曾任南唐中书侍郎、光政殿学士承旨等官。他眼见南唐国势日衰，贵族官僚争权夺利，不愿出任宰相，便夜夜在家歌舞升平。南唐后主李煜得知他"荒纵"的生活后，派画院待诏顾闳中深夜潜入韩宅，窥看其纵情声色的场面，回来后画成此幅《韩熙载夜宴图》。图中，韩熙载与宾客坐在榻上，聆听歌伎的琵琶演奏，身后的床上放着一把琵琶。

今天日本的邮政地址，还是沿袭唐制，以町、番、目为单位。线状的地址，即沿着街道设定门牌号码。在这些自然发展成形的城市中，居民活动就不再由坊、里隔开，而是沿街道开展。

人们往往艳称大唐帝国的声威，其实，安史之乱以后，大唐盛世便不曾再现。这一时代的发展，不在于政治和军事。其中值得重点关注的部分，乃在本节陈述的这几个方向：随着经济力量的上升，从中古以后，经济终于可以挑战政治和社会，成为形塑中国的三大力量之一；在思想方面，唐代延伸到宋代，属于中国中古时期的后半段，这一段时期既在咀嚼传统，又在向前发展，并且吸收了许多外来族群的民族成分，文化面貌多元而又活泼。这一时代的整体格局开张宏大。

在本章下半段，我们将讨论欧洲世界的中古时期。这一时期，欧洲本来也对外开展，但是基督教教廷权威树立的封闭形态，使欧洲后世呈现出长期僵固的文化面貌，却又埋下了强烈反弹的伏笔，导致下一时代的革命和重组。

罗马帝国的教会势力凌驾一切

罗马帝国承受不了一批又一批所谓蛮族的侵入。这些蛮族各自割据领土，不奉罗马的号令，甚至有些蛮族还不断攻击罗马本土。罗马帝国本来就已经分立为二，西罗马老早就掏空了自己的根底，没有可以倚仗的资源和实力。狭窄的意大利半岛，不足以满足大帝国的需求，各地送来的税收和贿赂的物品，维持着罗马城公民豪奢而懒惰的生活。

本来只是主持东部帝国的东罗马，因东部地区广大，物产丰富，实力其实远在西罗马之上。476 年，日耳曼人攻击罗马城，将罗马洗劫一空，西罗马的最后一个皇帝弗拉维乌斯·罗慕路·奥古斯都被废黜，西罗马从此灭亡，欧洲于是陷入一片混乱。这个时期被称作"黑暗时期"。是不是黑暗下文再说，至少西罗马灭亡以后，欧洲许多不同族群建立的小国互不相属，彼此攻击，确实没有世俗的秩序可言了。

新兴的基督教会在维持起码的国际秩序方面扮演了重要的角色。那些侵入欧洲的蛮族领袖和他们的士兵早就皈依了基督教，基督教的神父和各地神职主教就是一股安定的力量。

这些具有文化和知识的教士，在当地成为稳定的力量。宗教信仰也使那些蛮族的领主、士兵，至少在行为上受到基督教伦理的约束。因此，所谓"黑暗时期"，实际上是世俗帝国逐渐让位于教会的阶段。分散在各地的主教，无形中以罗马城的主教作为领袖，终于尊奉其为"教宗"（教皇）。

在此基础上，基督教建构了一个教会的网络。纪律与

仪式制约着各地的教会，使它们服从上级的教会，地区教会
选出主教，从主教里选出教宗。这一秩序代替了过去的罗
马帝国凌驾于世俗小国的秩序。

分散在各地的修道院是知识和文化所寄托的机构，受
过教育的教士也就成为各地封建领主的顾问，他们甚至帮助
各地领主治国。地方教会也担负起民间的行政任务。世俗
和神圣在这种情况下结合在一起，不过，神圣的权力集中在
教会网络，而世俗的权力分散于许多个小国，两者形成合作
和互补的关系——当然，也难免有冲突的时候。

这时，伊斯兰教兴起了。7世纪，伊斯兰教已经成为不
可忽视的力量，伊斯兰教帝国迅速扩张，占领了整个中东和
北非。伊斯兰教的扩展，逼迫欧洲重整，后果则是法兰克
王国❶的崛起。

法兰克人经过三代经营，使法兰克王国俨然成为西欧
大国。732年，法兰克的国王查理曼❷，在地中海上击败了阿
拉伯人的舰队，这场决定性的战争，使欧洲终于出现了一个

❶ 法兰克王国　日耳曼人法兰克族的早期国家。486年，法兰克族撒利
克部落酋长克洛维消灭西罗马帝国在北高卢的残余势力后建立。800
年，加洛林王朝查理称帝，王国遂成为查理曼帝国。
❷ 查理曼（Charlemagne，742—814年）　法兰克王国加洛林王朝国王
（768—800年在位），神圣罗马帝国皇帝（800—814年在位）。800年，
由教皇利奥三世为之加冕称帝，号称"罗马人的皇帝"。

后人所绘的查理曼大帝加冕场景

800 年，教皇利奥三世在罗马圣彼得大教堂为法兰克国王查理曼（742—814
年）加冕，并尊其为"罗马人的皇帝"。

团结的中心。教皇利奥三世❶，因曾在争夺教宗权力的过程中得到过法兰克帝国的帮助，所以投桃报李，在800年的一次圣诞节庆典上，突然将皇冠加在查理曼的头上，称他为神圣罗马皇帝。从此以后，查理曼就得到了"伟大的查理"的称号。在这种情况下，神圣罗马帝国因为由教宗加冕而取得了合法性，相对而言，教宗的地位比世俗帝王高了一层。

查理曼大帝东征西讨，在欧洲建立了一代霸权。许多蛮族建立的国家都尊奉查理曼大帝为"共主"。查理曼大帝去世后，查理曼帝国分崩离析，国力不振，教宗遂将帝号转移到东欧的日耳曼王国。这一阶段，教皇的认可成为欧洲霸权合法性的必要条件。

由于国家力量起伏不定，"神圣罗马帝国皇帝"的称号也就经常转移。帝号的归属问题演化成选举皇帝的制度：十名左右的诸侯和主教，号为"选帝侯"，每逢皇帝出缺，就共同推选一个新帝继位。这些选帝侯既是选举人，也是候选人。

---

❶ 利奥三世　罗马教皇（795—816年在位），意大利人。799年遭罗马贵族反对出逃，求救于法兰克国王查理曼。查理曼引兵至罗马，恢复其权位。为了答谢，800年圣诞节在罗马为查理曼加冕，称之为"罗马人的皇帝"。

神圣罗马帝国实际上是一个霸权集团，必须依靠罗马教会来将这些诸侯结合成一个接近于联邦的组织，维持由神权加持的世俗秩序。每个王国的君主，名义上辖有公、侯等名号，接受神圣罗马帝国的管辖，实际上各自都有领地和属下的百姓。这相较于中国的皇权帝国，是非常不同的结构。神圣罗马帝国没有一个核心，也没有一个固定的政府，当然更谈不上有效的行政系统了。

欧洲封建制度政治、经济、文化的特色

在上述情况下出现的西欧封建制度，表面上看来与中国春秋战国时代的分封制非常相似。两者都有等级，都有一定的仪式，确认君臣关系、封建关系的实质，也都有领主对属下赐予领地和臣属向主君纳贡的义务。不过，中国古代的封建系统和宗族关系密切结合，而欧洲的骑士们则必须与封君建立个人的双边关系。中国古代的封地在同一家系内继承，欧洲的封地，则可以经由婚姻与亲族谱系转移归属的领主。一个欧洲贵族，可能同时拥有不同来源的封地，因此同时拥有若干不同的爵位和封号，相应地，西欧封建制度的君臣关系就极为复杂。例如，英国王室可以因其持有某一领地而成为法国王室的臣属，法国王室又因为持有另一领地而成为英国王室的臣属。又如，西班牙国王和葡萄牙

女王因为婚姻关系，便将两个国家合并为一。正因为如此，欧洲列国转化为近代主权国家的过程就非常复杂——既有机缘，也有纠缠。

所谓武士阶级或骑士阶级，乃是中古欧洲后期的统治阶层。他们与教士文武分途，各有其社会精英身份。这些武士与中国古代的"士"比较相似，但与中国隋唐以后的士大夫却有明显的不同。武士们随身携带长枪大剑，要能够随时战斗；文士们却要学习经典，熟悉治国之道。

欧洲封建社会的另一特色是庄园经济。领主和骑士都有大小不一的领土，他们居住的城堡乃是战争的基地，有城墙保卫，也有外围的据点。城堡四周有农地和牧地，城堡之内有果园、菜圃以及牧养战马和乳牛的草地。这些堡内的土地足够维持城堡短期的自给自足，渡过被包围的难关。

在城堡外面，是领主管辖的农民。农民不是奴隶，却必须服从领主的号令从事生产，以供给封君的生活和整个封建领地的种种需求，我们称他们为"隶农"。庄园经济依靠这些没有自主权的隶农，他们全家终生劳苦，所得仅够维持生活。

有些庄园本身就是一个自给自足的单位，不需要外来接济就有足够的粮食，还有一些最基本的小作坊，如磨房、纺织房、铁工厂、木工厂、修补武器的工坊等。一个庄园的农地，有林地、牧地、耕地等。庄园依靠大马、巨犁，通过深耕、漫撒，进行大规模的农田生产。农家子弟在牧地上放牧，农家的妇女们则必须在林地上采集水果和其他可供食用的植物，供给庄园的需求。

这种农耕制度，乃是大单位的自给自足。相对而言，中国自战国时期以后就出现了市场趋向的小农精耕经济，两者之间差别巨大。虽然在东汉至南北朝时期，豪族庄园的规模也不小，但并不是自给自足的封闭经济，这些庄园参与相当多的市场活动，以其所有，易其所无，扩大其收益。

在以武士为基础的封建制度和以城堡为中心的庄园经济之外，还必须有其他的制度，才能使欧洲中古社会得以延续。教会和修道院，如前所说，是教育单位，也是文化延续的所在。在理论上，教士必须单身，终生奉献。这些单身的教士不会组建家庭，因此欧洲没有出现唐朝那样的文官出身的世家大族。当时欧洲的修道院和教会扮演着不同的角色，有的专精于医药服务，有的专精于经典研究。

可以说，教会担负着社会保障和文化传承的工作。教会当然要由封建领主们提供资源和支持，但教会往往也拥有大量的土地。在教会领有的土地上，也有隶农为其提供必要的资源。在这一时期，最突出的现象就是主教能掌握大量财富，在各地建筑教堂，那些伟大的建筑、绘画和雕刻成为后来呈现文艺复兴的重要渠道。如果没有教会提供大量财富建造教堂的话，文艺复兴时期的米开朗琪罗、达·芬奇等人将无所依附，没有施展才华的舞台。

如此庞大的教会，拥有如此巨大的权力和财富，必然会努力把持其优势地位。罗马教会不止一次通过教义的讨论会，排除被他们视为异端的教派。在这些教派中，包括北非的哥普特教派❶和中东的聂斯脱利教派❷，后者进入中国，称为景教。这些教会与罗马教会对教义有着不同的解释，被排斥在罗马教会的系统之外。

罗马教会一次又一次地整理自己的教义，终于达到"一言堂"的效果：除此教义，别无杂音。教会惩处异端，不断地以权力垄断思想。实际上，这种作风，对罗马教会并不是好事。"一言堂"使罗马教会成为一个权力机构，背弃了当年耶稣基督和早期教会的理想和热诚。这个"一言堂"的神权与具有武力的封建世俗权力相结合，僵化了欧洲文化原有的生机，而在当时，欧洲文化还没有自我反省的能力。

---

❶ 哥普特教派（Coptic）　基督教派别之一，原为古埃及人组成的教会。哥普特教派认为"神性"与"人性"完全结合成为一性，这一主张后被称为"基督一性论"。

❷ 聂斯脱利教派（Nestorians）　基督教派别之一，因信奉君士坦丁堡大主教聂斯脱利（Nestorius，约386—451年）所倡教义而得名。唐贞观九年（635年）传入中国，称为"景教"。

城市的发展与十字军东征 ❶ 的影响

　　上面提到，欧洲庄园经济的制度不能像中国市场化的农业制度一样，发展为一个资源交流网络，但是，终究有若干商品实现了地区性的生产和销售。外来的商品，如中国产的瓷器、丝绸，非洲出产的黄金、象牙和铁矿，都必须经由商人运到欧洲国家。尤其是王公贵族和教会主教，他们起居豪奢，生活优裕，需要精美华丽的服装，而这些都不是庄园经济的隶农们可以提供的，必须依靠外来物资。

　　城市凭借其经济功能，发展为交通要点上的商业中心。地中海上若干重要的港口和欧洲大陆上道路的交叉点，都发展成相当发达的城市。这些城市之中运输物品的商人、车船马轿、金融机构、批发商人和工匠技师，他们工作和赢利都需要运用经济资源，同时促进资源流通。领主和教会都不能和他们竞争，反而必须依赖他们的服务。于是，城市逐渐取得了独立性，他们向外围的领主缴纳一些费用，交换的条件是，获得城市的自治权利。

　　城市也逐渐具有延续教育和文化的功能。在重要的城

---

❶ **十字军东征**　西欧封建主、意大利商人和天主教会对东部地中海沿岸地区发动的侵略性远征，前后共八次，历时近两百年（1096—1291年），以失败告终。

市中，最初也许只有少数知识分子，各自带来自己的书籍，聚在一起，租下教室就成为所谓的大学。大学从学术联合体，逐渐发展成为有一定规模的教育机构。如此，世俗的教育就和以修道士为基础的神学院形成了平行互补的关系。

城市中也出现了经济领袖，这些人俨然成为城市的实质统治者。银行家往往拥有这样的身份和权力，美第奇家族❶就是一例。城市与城市之间有竞争，同时，城市中的巨商大贾和贵族领主、教会之间，有时竞争，有时合作，他们构成了教会和领主之外的第三种势力，也是第三个文化发展的基地。

欧洲的三合一权力结构，终究还是以教会为运作枢纽。独断的基督教会无法忍受伊斯兰教在东方的扩张，尤其是伊斯兰教徒占领了耶路撒冷以后，基督教会时刻不忘要将"圣地"夺回，于是有了十字军东征。

东征的另一个动机则是经济。从东方运送到欧洲的商品，必须经过伊斯兰教统辖的地方，再转运欧洲。商品价格经过伊斯兰教的过境垄断以后，比原价高出许多，这也使欧洲的权力集团决心要击败伊斯兰教。

---

❶ 美第奇家族　"美第奇"为 Medici 的音译，中世纪意大利佛罗伦萨著名家族。以经营毛织业起家，15 世纪起成为欧洲大银行家族，18 世纪衰落。

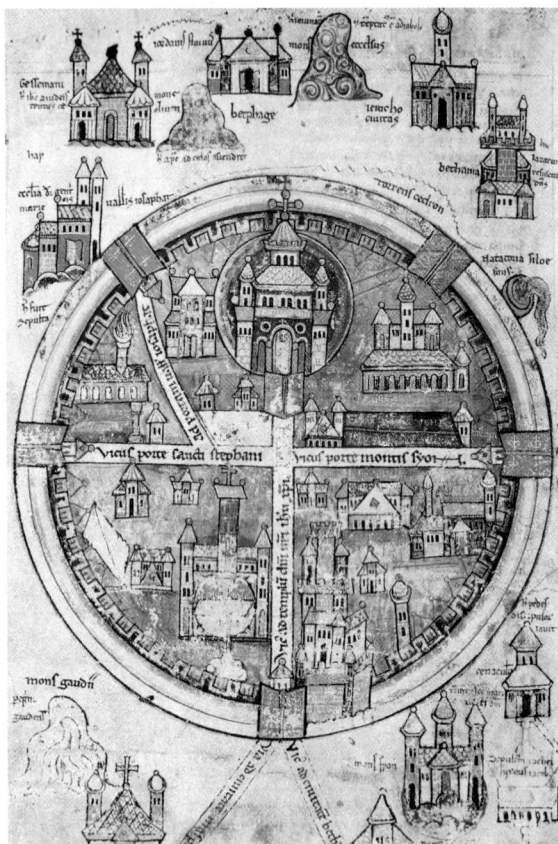

耶路撒冷的地图，出自《十字军东征编年史》

现今的耶路撒冷分新旧两城，新城居民多为犹太人，有纺织、金属加工、化工、食品等工业；旧城居民多为阿拉伯人，多古迹，如圣殿遗址（犹太教）、阿克萨清真寺（伊斯兰教）、圣墓大教堂（基督教）等。

　　1096 年，第一次十字军东征由教宗发动，号召封建骑士和领主组织联军，攻打伊斯兰教地区。此后两百年中，一次又一次的十字军东征，实际上败多于胜，欧洲联军也没有从伊斯兰教徒手上夺回圣地。教会征战，使欧洲丧失了不少封建武士和精兵良将，西欧封建制度元气大伤。甚至一般的庶民百姓也被教廷以护教名义大批征发，随军出征。这些百姓没有战斗经验，枉死异域的为数不少。

　　东罗马帝国的东正教❶会，虽然也属于基督教，却与罗马教会水火不容。十字军在战争中，劫掠东方❷城乡商贩，甚至攻击东正教地区。这些行为，加上屡次征战劳而无功，罗马教廷的威望一落千丈。紧接着，欧洲大瘟疫暴发，死者无数，劳动力损失巨大。这些都为欧洲封建制度和相应的经济制度即将发生的巨变，创造了必要条件。

　　更重要的是，通过东征，欧洲人发现在教会垄断的文化圈外，还有许多不同的思想观念。特别是他们发现古希腊留下来的文化遗产都被教会一手遮天地掩盖，不为欧洲一般人所知。东征带回的许多古希腊文典籍，由教外学者翻

---

❶ **东正教**　基督教的一派，与天主教、新教并称为基督教三大教派。1054 年基督教东、西两派正式分裂，位于东方的君士坦丁堡教会，称为"东正教"。

❷ **东方**　此处指地中海东部沿岸一带，最远至耶路撒冷。

译为拉丁文，将东方的艺术带到了西方。这就开启了文艺复兴，让欧洲人可以重新检视其文化遗产。

欧洲人也经由东征，发现了遥远的中国文化和印度文化，接触到了新的事物。中国发明的火药早已被伊斯兰教转变为战争武器，至此才第一次为西方所知。培根认为，中国人发明的造纸术、印刷术、指南针和火药为西方所掌握后，欧洲的文化和社会也随之改变了。附带说明，培根此言是从欧洲历史变化的角度出发，提出这些发明对于西方的阶段性影响的，现在却被西方人片面地理解，以为中国文化只有这四大发明！

文艺复兴的意义在于欧洲人重新发现过去，并开始认识远方的人类文明，他们扩大了视野，不再甘于只接受独断的基督教文化。他们重新认识古典，并且设法将古典文化和基督教文化作一番融合。关于文艺复兴的讨论，将见于下一章。

我们看到，在中国的中古时期，两个文化系统迈着完全不同的步调：欧洲从多元逐渐发展为单一的系统，以教宗为主，逐渐走向僵化、独断；中国吸纳了许多外来因素，发展出多元而活泼的文化精神。在这个基础上，韩愈、柳宗元、李翱的工作，终于引发了后来理学、新理学和禅宗的活跃气象，而欧洲也最终发生了文艺复兴，打破了僵化的教会文化。

第六章

中西面对文明变局的关头

从唐朝到宋朝是一个渐进的过程。唐宋之间的演变，是中国历史上的重大阶段，标志着汉唐两大帝国终于隐入历史。唐宋之际，世界史上发生的许多重要变化，都影响了中国历史转变的过程。

唐代中期以后，中国再次陷入长期分裂

唐朝虽然在中国历史上是主要的朝代之一，然而，唐代中国其实只有前半段是真正统一的帝国。安史之乱后，中国基本上处于混乱状态。北方战乱不断，河北藩镇即使在安史之乱以后，也没有归入朝廷。当地节度使手下的军队里，基本上是胡人和胡化的汉人，其文化可说是处于中国文化圈外。其他地方的节度使，尤其是西南地区，也都保

持着相当的独立性。

伊斯兰教勃兴，压迫中亚族群，以致大批胡人逃入中国。如第五章所说，中国北方胡汉杂居，人口成分发生了极大的改变。

残唐五代那些国祚短促的政权，大多数是胡人军团建立的。南方有十个国家，分散在江淮、东南地区，各自为政，互不干涉。这一时期持续了将近百年之久，中国处于分裂和混乱的状态。

此后，北方的契丹占有大部分的土地，建立了辽国，从此开启了长期的南北分裂。辽、金、元三代，北方始终在胡人的统治之下；宋朝号称统一中国，实际上只统治着山西以南的黄河流域和南方的东南本部。在宋朝四周，辽、金、元，一个接一个崛起于北方，随时威胁着宋朝；西夏、南诏、日本、高丽，早已是独立的国家，不向中国朝贡；东南亚地区也出现了许多小国。在这许多国家中，宋朝只是列国之一。宋朝君主自号"天子"，但宋代的中国并不是一个天下国家。

宋朝国力并不强盛，但在列朝之中却是非常富足的。五代时期，南方的开发、农业生产力的提升，加上对外贸易的顺差，使宋国工商业发达，农产丰饶，经济富足而繁荣，不是北方的强国能比的。对待北方强敌，宋也只有倚仗输

《番骑图》(局部)

又名《出行图》，为辽太祖长子、渤海王李赞华（原名耶律倍）所绘，描绘了辽国六人骑马外出游玩的场景。

送大量岁币❶来换取和平。尽管如此，宋朝还是逃不了再度
亡国的悲惨命运。

这个时候，欧亚大陆之间出现了伊斯兰文化。庞大的
伊斯兰教帝国❷崛起，北达今天的俄罗斯，南至非洲，甚至
跨过印度洋，到了印度尼西亚，向东则到了今天中国的西北
地区。伊斯兰教的力量与欧洲基督教势力长期对抗。假如
不是查理曼大帝在东地中海的一次海战中歼灭了伊斯兰教舰
队，伊斯兰教帝国可能就将地中海划为自己的内海了。

庞大的伊斯兰势力盘踞在中亚和亚洲西部，在唐代后
半段和宋代，伊斯兰教势力占据着中国与欧洲之间的贸易通
道——丝绸之路。东西之间往来，无论是走陆路还是海路，
都必须经过伊斯兰教势力圈。

在此之前，丝绸之路上的商人穿越不同的国家，经过
层层关口，长途跋涉，才能将中国的商货运入西方，获取厚
利。在这艰苦的长途旅程中，一站又一站，中间过手的转
运，不少人分享了商品的利润，中国作为生产者，获得的利
润其实并不多。

---

❶ 岁币　旧指朝廷向外族输纳的钱物，始于西汉，尤以宋代为甚。
1004年，宋辽达成"澶渊之盟"，宋朝每年向辽输送绢二十万匹、银
十万两，称为"岁币"，以换取宋辽和平。

❷ 伊斯兰教帝国　此处特指信仰伊斯兰教的阿拉伯帝国（632—1258
年），与我国唐代、五代十国及宋朝属同一时期。

伊斯兰教势力占据丝绸之路要地后，商贩经过统一的伊斯兰教世界，转运的风险减少，反而路途平安；此外，伊斯兰教世界的权贵也是中国商品的消费者。因此，宋代中国的外贸比以前更盛。但是，陆路外贸的商道穿越许多国家，未必全是由商贩经营。宋朝向辽国和西夏输送的岁币，以大量丝帛为主体。这些国家获得的中国丝帛，除自己消费一部分外，还有相当一部分转运到中亚、北亚和欧洲，以其盈利换取西方的商品。海道方面，经过南海到达波斯湾，或者经红海的航道，由各国的海商运输商货。船舶载量大，成本比车马陆运低，中国经由海路外运的商品运量大、利润高，这是中国南方经济富足的重要原因之一。

农业经济逐步向商业经济转变

在这种背景下，尽管宋代中国积弱，但由于经济发达，出现了一些新兴的"草市"（乡村集市）。这些新起的城镇，有些是在城市周边发展出的新市场，有些是交通要道上发展起来的新城市。在这些地方，客商来往，有商店、仓库、作坊以及各种文化与娱乐活动。陆路的交通路线和水路的船只运送，将中国原有的市场经济网发展成绵密的交换网络。

这些城镇，多有应外销而出现的产业。例如，原本在中国南北都有养蚕业，生产外销的丝帛，北方动乱后，蚕桑产业向南移动，长江三角洲、江西、湖南，都成为蚕桑业的重要地区；又如，中国另一项重要的外销商品——瓷器，其主要产地如邢（邢窑）、定（定窑）、汝（汝窑）、耀（耀州窑）等，几乎都位于北方，而在五代、宋朝以后，烧制瓷器的名窑多数在南方。江西的景德窑，浙江的龙泉窑、哥窑以及湖南、福建、广东出产的瓷器，大量经由海运外销东南亚、中东和欧洲。宋代的冶铁业非常兴盛，从《宋会要》的数据可见，宋代冶铁产量巨大，是当时世界之冠。冶铁工业的出品主要为家用，也有一部分用于车船运输，当然还用于制造军器、建筑的构件等。其中，大量的家用锅盘杯具，不仅广泛销售于国内，而且是销往国外的重要产品。

于是，宋朝出现了四大商业城镇：佛山是冶铁中心，景德镇是陶瓷中心，汉口和朱仙镇则是交通路线上的交会点。尤须注意的是，佛山和景德镇都在江南，它们的产品必须经过国内的道路运到海口，再经南海运送，外销西方。除了上面所说的四大城镇外，一些古老的都市也转型成为新都市，汴梁就凭借其繁盛的商业和运输枢纽的地位，成为首都。洛阳、扬州、泉州、明州、北京、西安等，都从行政中心转化为兴盛的商业都市。

宋代的商业实力非常雄厚，经济已经由以农业生产为主的中古自然经济转变为以城市为基础的商业经济。虽然

宋代景德镇窑青白观音像

景德镇在宋朝就成了陶瓷中心，以白瓷为著，素有"白如玉，明如镜，薄如纸，声如磬"之称，品种齐全，曾有三千多种。

北方的金、元征服了宋代中国，但南宋的商业经济并没有因
为朝代的覆亡而结束。元朝时期，中国南方仍然相当繁盛，
明、清两代，亦复如此。东南和华南的经济，数百年来未
见衰退。

宋代的国家制度和汉唐的制度有很大差别——朝廷不
完全依靠田赋地税作为国家的收入。政府征收的榷税❶和皇
室直接经管工商业所取得的收入，大约是传统农业税的一
倍，这乃是宋代政府的主要财源。宋朝武备不振，便向北
方的强敌缴纳岁币，以换取和平。贡献给辽、金的大量丝
帛，不是由民赋征收而来，而是靠商业支撑，以此作为国
家生存的本钱。不仅中央政府经管商业，各处地方政府也
掌握着大小不一的商业资源，以维持其运作。因此，宋朝
以经济力量支撑国家统治的方式，堪称中国历史上的独特
模式。

儒家思想的正统化使其走向僵固

从东汉到唐朝，中国社会的世家大族是社会的统治阶
层。唐代中叶以后，经过科举，新科及第的士人逐渐进入
政府，一步步取代世家大族。这种专业的文官集团乃是通

---

❶ **榷税**　官府对部分专卖业所征收的税。

过科举制度逐渐形成的。

宋代，全国性的世家大族已经不见了。士大夫与朝廷共天下，这些士大夫的实力基础在地方。地方的大族是官僚士大夫延续几代的地方领袖，但是，地方大族也不能长久不衰，势力范围也不会超越地方城市，其族产和家规维持着家族的延续及其集体的影响力。任何家族本身不能永葆兴旺，然而，从集体的角度而言，每个地方的士大夫家族群，却是地方稳定的重要力量。

上一章曾经说过，中唐以后，韩愈引发了儒家复兴的契机。在宋代，士大夫努力重建中国文化传统。他们共同的工作除了文学创作以外，更重要的是发展一套完整的儒家理论体系。

从北宋发展起来的道学延伸到了南宋，朱熹集其大成，构建了理学系统。这一思想体系以儒家伦理为主，以绝对的"理"作为基础。"理"，乃是永恒而超越的秩序。宋代的道学和理学，建构的基石是《论语》《孟子》《大学》和《中庸》，合称"四书"。这个以"理"为基础的秩序，成为儒家学说的主要架构。儒家理想的主要要求是保持伦理的实践，这样才能维持良好的秩序。一种结构性的理论往往是保守的，已经完成的结构不容许改变；人必须活在结构之内，而不是改变结构。理学与道学的挑战者是陆象山的心学和陈亮❶、叶适❷的经世之学。朱熹在世时，他的学说还不是有官方政治力量加持的正统思想。

至宋理宗时，官家才确立了朱子学的正统地位。不久之后，宋亡于元朝。在元朝统治下，汉人和南人（元代对原南宋人的称呼）的社会地位最低；亡国遗民除了坚持对中国文化的认同，几乎别无自存之道。儒家学者面对处于社会最底层的屈辱，只有坚持儒家的信念。也有投机分子为了取悦元朝皇帝忽必烈，上尊号"儒家大尊师"。

元仁宗❸时，元朝重开科举，到元代覆亡，共举行过十六次考试。元代科举以"四书"为儒学根本，以朱熹的批注为标准的解释。于是，朱学成为官家认可的正统。因功名利禄所寄，朱学之外的各种儒学遂无立足之地，这一以结构统摄个人的思想方式成为官方支持的理论，中国的儒学

---

❶ 陈亮（1143—1194年）　南宋思想家、文学家，字同甫，学者称龙川先生，婺州永康（今属浙江）人。他指出物欲是人的自然本性，但"欲"须由"礼"节制。他和朱熹进行多次辩论，反对朱熹的三代以下天地人心日益退化的观点。

❷ 叶适（1150—1223年）　南宋哲学家，字正则，温州永嘉（今属浙江）人。他强调"道"存在于事物本身之中，认为事物对立面处于依存、转化之中。他反对当时的性理空谈，指出理学家糅合儒、佛、道三家思想提出"无极""太极"等学说的谬妄。

❸ 元仁宗（1285—1320年）　元朝第四位皇帝，蒙古帝国第八位大汗，于1311年即位。他去世后，谥号圣文钦孝皇帝，庙号仁宗。

朱熹《论语集注》残稿

朱熹批注的"四书"在元代科举中被定为标准版本，在明清两代朱熹的思想更被提到儒学正宗的地位，他的著作《四书章句集注》被视为标准的解释。

思想系统就此僵固。

朱子学的普及，也使中国的社会结构经由学术与政治，维持了长期的稳定，停留不变。程朱思想体系对于已经取得政权的统治者而言，是非常有利的统治工具。因此，明太祖驱逐元朝统治者，建立明帝国之后，不仅延续了朱子学的正统地位，而且删去《孟子》的民本思想，以保证君臣上下的相对地位。帝国的威权就此与儒家学说稳定的结构密切结合。下一章还将对此进行讨论。

蒙古帝国的扩张

成吉思汗打下来的大帝国，区域之广，史无前例，在这庞大的帝国之内，中国只是一小块而已，在中国之外还有四大汗国❶和许多宗王的封地。在忽必烈之前，蒙古扩张的重点不在中国，而是一路向西。忽必烈以后，以中国为核心的元朝廷，实际上并不能号令北面和西面的汗国。因此，元统治中国的近一百年，中国只是庞大的蒙古帝国中的一部分而已。

---

❶ **四大汗国** 即蒙古四大汗国，是蒙古帝国及其分裂后存在的窝阔台汗国、察合台汗国、金帐汗国、伊利汗国这四个蒙古汗国的合称，与当时东亚地区的元朝各自统治。

元朝统治中国，带来了中国以外的许多人口。西域的
签军❶和蒙古外围的契丹、女真人等，纷纷移入中国。实际
上，忽必烈灭亡南宋的军队里，蒙古的军队规模并不大，南
下的主力是中国北方的汉人，而绕道西边进入南宋的部队
则是西域签军。这些外来人口融入中国，也形成了深远的
影响。例如，今天北京话的许多词汇，还是元朝留下来的；
中国西南部，陕甘以南到云南的大量回民，颇多是西部签军
人口。辽、金、元三代，在中国北方的生活习惯、服装和
方言上，都留下了痕迹。

西方世界对于中国的了解，相当一部分是由《马
可·波罗游记》带来的想象：庞大的东方帝国富足而繁华，
生活形态与欧洲有着极大的差异。对东方的向往引发了欧
洲人的好奇心，也使他们认真思考，除了欧洲基督教文明以
外，还有哪些其他的文化和生活方式。这是欧洲近代变化
的诱因之一。

---

❶ 签军　金代每遇战争或边事，签发汉人当兵，民家丁男，凡强壮
者，尽取无遗。曾激起人民强烈反抗。元初，亦有签发壮男为军
之制。

宋代丰厚的文化资产

宋代的商业化和城市化，孕育出新的文化传统。唐诗、宋词、元曲、明剧，这些文学创作，加上许多散文和所谓小说、笔记，其创作者都是儒生，是士大夫群体外围的文人。自从唐朝实行科举以后，中国的读书人除一部分进入文官系统以外，剩下的那些始终未能进入文官系统的失败者，构成了庞大的知识分子群。虽然这群人的总数难以确计，但据一般估计，他们占总人口的5%至7%。他们既是创作者，又是阅读者，还是民间思想的缔造者与辩论者。他们往往参与了儒家系统以外的佛、道两家的发展。其实，佛、道两家的大部分僧侣和道士，何尝不是来自知识分子阶层呢？

唐宋以后直到明代，残留至今的文章和典籍数量庞大，成为今天中国最大的宝藏。其中不仅有各种学派和各种思想的讨论，也有纯文学的著作以及生活之中供娱乐和消遣的作品。因为阅读的需求增加，宋人在雕版印刷的基础上，发明了活字印刷，制作纸张的技术也有很大的突破。假如没有印刷术，没有大量的纸张供应，这些典籍恐怕就无法通过印刷传播，也无法以低廉的价格，满足读者的购买需求。当然，话也可以倒过来说，假如没有这么大的需求，也可能不会有印刷术的发明和生产纸张技术的改进。

在今天，我们一般人心目中的中国文化，实际上是从唐代、宋代开始，由许多小说、戏曲和诗词等集合而成的。老百姓心目中的历代帝王将相的形象，不少是由这些文学作品形塑而成的。这些著作数量巨大，无法一一列举，其中有许多故事在唐宋就出现雏形，到了明代才推演为巨著。

为了满足一般初级教育的需求，通俗的教材也在这个时期纷纷出现，比如《三字经》《千字文》等。从此以后，这些教材就成了中国文化的主要载体，塑造了近代以来中国人的思想。为了方便计算，本来就已经相当发达的数学浓缩为乘法九九表和珠算口诀。方便的计算，乃是中国大小商人在市场上日常来往必须用到的工具。同样，为了满足日常需求，中国医药吸收了自古以来的《黄帝内经》传统，加上本草学的药物知识，同时也吸收了印度和西方的成分，在城市文化的需求之下，浓缩成"方剂歌诀"❶。从宋代到明代，民间出现了许多类似的百科全书，或是有助于家庭日常生活的万宝全书，各行各业也出现了一些基础教科书。

这些文化资产，在农业生产基础上不会有庞大的市场。商业城市兴起后，庶民文化才有资源发展出内容丰富的文化

---

❶ **方剂歌诀**　中医的一个方剂往往由多味中药组成，不易记诵和活用，因此有一些医家或学者就编纂了一些歌诀，以帮助初学者入门。

资产。笼统地说，在唐朝以前，中国的精神文化和思想资源是由社会上层提供的；唐宋以后，社会的基层人口也都拥有这些可以提供文化信息的资源。据粗略统计，明代以后，中国识字的人群占总人口数量的四分之一，相对于近代以前的西方，这么高的识字率，算是相当惊人了。

唐宋的对外贸易，有很大一部分要经过海道。如上文所说，从南海经过印度洋到欧洲这条道路畅通，商机和利润也使许多东南亚小国出现了商业城市。因为有了东南亚这些国家和航线的口岸，中国人口外流成为常见的现象。我们无法精确统计当时有多少中国人移向了东南亚，不过从东南亚地区的许多考古和文化遗存来看，中国人南下移民海外是相当普遍的。

唐宋可以说是中国文化复兴的时期。韩愈及其以后的一代又一代儒家学者提倡回归经典。不仅是儒家，道家和佛家在唐宋也都取得了进展。

中国的文化复兴和欧洲文艺复兴相当不同。中国的古典并没有丧失，只是经过韩愈及其后来者的重新检讨，被赋予了新的意义。从丝绸之路传入的西方宗教文化影响，包括基督教、佛教、摩尼教等，分别在中国扎根。明朝中叶以后，基督教重新发展。佛教、摩尼教都是中亚的启示性信仰，在进入中原以后，都融入了中国的民间信仰。今天潜伏在民间的宗教，追溯起来都与启示性信仰有着密切的关系。

唐宋时代，外来的文化力量非常强大，契丹、女真、蒙古以及中亚等民族进入中国，使中国不再是单纯的汉族。中原已经拓展到当时中国的周边，中国的中心也不断移动。中国文化接受了外来的刺激，也吸收了许多外来的文化。

欧洲复杂的领土纠纷促成民族国家成形

欧洲方面的变化，是欧洲中古晚期发生的宗教改革❶和民族国家的兴起。这两大事件其实互相关联，而且影响到后来的启蒙运动和资本主义的兴起，是欧洲历史上现代文明形成的背景。

在欧洲中古时代晚期，查理曼帝国已经分裂，天主教教宗的权威维持了所谓的神圣罗马帝国，宗教力量俨然凌驾于政治力量之上。在名义上，如第五章所说，神圣罗马帝国是由选帝侯们推选"共主"的，实际上，这个共主的权威，还不如一方霸权。

在所谓神圣罗马帝国的时代，为了争夺皇帝的名号，不同家系的王公彼此斗争，欧洲没有安定的时候。例如，

---

❶ **宗教改革**　16世纪欧洲以宗教改革为旗号发动的一次大规模反封建的社会政治运动，主要反对教皇通过教会对各国进行控制以及天主教会内的骄奢腐化。

百年战争就是英、法两国为争夺在西欧的领导地位而发起的，从 14 世纪延续到 15 世纪，整整百年之久，毫无宁日。

这些问题的原因在西欧封建制度。王公侯伯复杂的婚姻和继承关系，导致领土纠纷经常发生。领主和属下的关系也非常复杂，一个国家的君主，往往领有不同的封地，经过复杂的婚姻和继承关系，这些封地可能就会转换。两个国家之间，甲国可能因为某一片封地的主权而成为乙国的附属，而乙国又可能因为另外一片封地，成为甲国君主的附属。在民族国家还没有成形时，贵族阶层家族之间的产业转移，使各地的居民经常忽然发现，自己已经转移到了另一个国家之下。

在不断争夺的过程中，民族国家逐渐成形，最终取代了封建制度，形成了今天的主权国家。在这一过程中，基督教会君临世俗君主的权威不断受到挑战，因此，教权与领主之间的冲突也是导致宗教改革发生的重要因素。

教会腐败导致基督教分裂出新教 ❶ 系统

第五章已经说过，由于掌握的权威凌驾于世俗，中古教会本身陷于腐败，失去了宗教存在的单纯意义。教宗和主教生活豪奢，也未必遵守清规，伤风败俗之事处处可见。从上到下，这个号称神圣的权力集团，实际上已经不能满足教众的精神需求。群众对教会的不满，长期累积，逐渐形成一股反抗心态。教会之中的有识之士，更酝酿着"彻底解决"的情绪。

大家对教廷不满的最后一个原因，是教会出售"赎罪券"。教宗号称持有赦免教徒罪孽的权力，如果向教会交纳奉献，就可以让教皇赦免其罪行，从而在死后不致沦入炼狱，而能进入天堂。这种承诺，当然是教会敛财之举，无异于中国迷信——香火钱做功德、死后可以转世的愚民之术。

基督教的神学家之中，长期有人质疑教廷的作为，认为这与基督教的教义大相径庭。首起发难者是英国教区的

---

❶ 新教　基督教的一派，与天主教、东正教并称为基督教三大教派，是 16 世纪欧洲宗教改革运动中脱离天主教而产生的路德宗、加尔文宗、安立甘宗等新宗派以及由这些宗派中不断分化出来的更多宗派的统称。

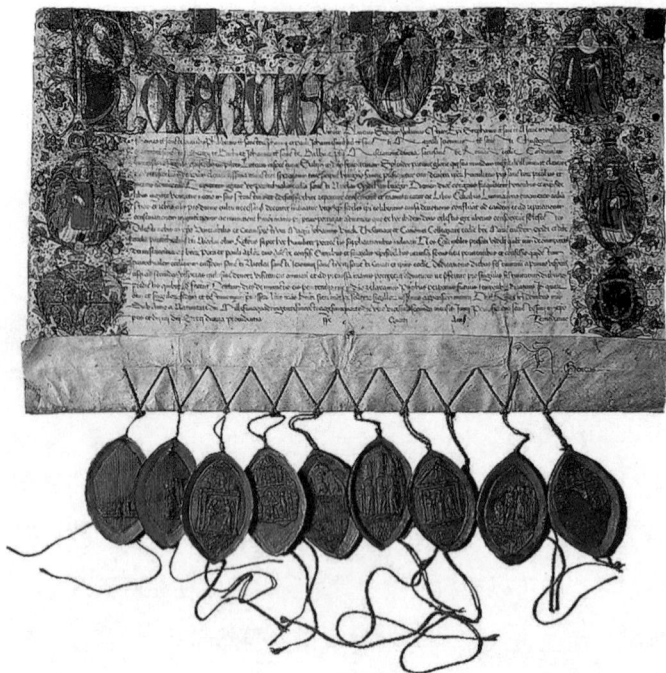

中世纪的"赎罪券"是中世纪欧洲天主教会发售的一种凭证，原指罪人通过告解圣事被宽恕后，教会可免除其应得的"罪罚"，14 世纪后演变为出售"赎罪券"的形式。

神学家威克里夫 ❶，他根据《圣经》的原意，认为教皇并没有赦免人罪恶的权力，只有信徒自己能因信仰而得救。人得救赎，是因为耶稣基督替人承受了背弃上帝的原罪。

威克里夫的理论很快就传播到欧洲各处。他将拉丁文的《圣经》翻译成英文，使一般教徒都能直接理解基督教教义。由于当时印刷术已经传入欧洲，因此《圣经》并不难得。这些《圣经》和神学讨论不必经由神父解说，一般人也能够了解。

威克里夫的一生并没有完成改革任务，他创立的教派很快就被英国的世俗力量和大主教联合压制，不能发展。然而，他的想法引发了欧洲各地神学家的讨论。东欧捷克的胡斯 ❷ 受到威克里夫著作的启发，着手撰著对基督教根本教义的阐述，他的鼓吹引发了可能是欧洲历史上第一次来自民间并由一般市民支持的基督教改革运动。最终，胡斯的努力遭到教会和世俗力量的镇压，1415 年，他在布拉格广

---

❶ 威克里夫（John Wycliffe，约 1320—1384 年） 英国神学家，欧洲宗教改革的先行者。曾任牛津大学神学教授、神父，其思想和主张符合市民阶级的利益，对后来欧洲的宗教改革运动产生影响。

❷ 胡斯（Jan Hus，约 1369—1415 年） 捷克宗教改革家，曾任布拉格大学教授、校长，深受英国威克里夫宗教改革思想影响。他反对德意志封建主和天主教会对捷克人民的压迫和剥削，1414 年在康斯坦茨会议上被捕，次年以"异端"罪被处以火刑。

后人以马丁·路德为原型绘制的版画

16 世纪时，罗马教廷以造圣彼得大教堂为名征募经费，派人到德意志兜售"赎罪券"。对此，马丁·路德发表《九十五条论纲》进行抨击，成为宗教改革运动的导火线。至 1567 年天主教会才正式废止"赎罪券"。

场上被处以火刑。

在中欧，今天的德国地区，马丁·路德❶在大学教授神学，因为"赎罪券"而谴责教会。他根据《圣经》的原则，认为教廷已经扭曲了七种圣礼本身的意义。他在海德堡大学的大门上，贴出了九十五条质询。马丁·路德论述严谨，而且身在大学之中，引起了许多知识分子的注意。同意他的人们集合为"路德会"，虽然被教会开除，但他们依旧奋起抗议教廷的错误行为。"路德会"的组成，乃是抗议者脱离教会的一大步。

在瑞士，茨温利❷对天主教和教宗的行为也提出了严厉的批评。茨氏没有获得组织教团的机会。但同样在瑞士宣教的加尔文❸，则在阿尔卑斯山山区的教区集合农民，组织了自治的团体——这些组织就是后来瑞士列邦的起源。

---

❶ 马丁·路德（Martin Luther，1483—1546年） 16世纪欧洲宗教改革运动的发起者，基督新教路德宗的创始人，1517年他发表抨击教皇出售"赎罪券"的《九十五条论纲》，揭开宗教改革的序幕。

❷ 茨温利（Zwingli，1484—1531年） 瑞士宗教改革家。他否认罗马教廷权威，反对出售"赎罪券"，并推动信奉新教的各州结成联盟，对抗教皇和神圣罗马帝国皇帝，但遭到继续信奉天主教的各州反对，后在与信奉天主教的各州作战中阵亡。

❸ 加尔文（John Calvin，1509—1564年） 16世纪欧洲宗教改革家，基督新教加尔文宗的创始者，法国人。他主张人因信仰而得救，否认罗马教皇的权威。受马丁·路德影响，加尔文1533年改宗新教。

　　加尔文教派分布于不同的语言群，各有自己能掌握的地盘，天主教会的力量对加尔文派的发展无可奈何。加尔文派成为新教运动中非常引人注目的一派，今天的各种新教教派神学理论，和加尔文教派颇有些渊源。社会学家韦伯❶的《新教伦理与资本主义精神》，所依据的就是加尔文神学观念。

　　加尔文神学最重要的精神是：个人能否得救，乃是上帝预先选定的，个人不能改变神的决定，然而，人必须努力，彰显自己荣耀上帝的可能性。这种将命运和使命感结合为一的说法，据韦伯的解释，激发了一般人努力工作的积极性。因此，资本主义发展过程中那些有作为的人，自认为是在完成上帝赋予的使命。在西方人的实践之中，盼望神恩和回答神的决定之间，人只是为了完成上帝赋予的使命。基督教新教，使人不仅砥砺自己的德行，努力工作，也劝勉人要尽其所能，不问收获。人的努力，只是彰显神恩。

　　在法国农村和边远地方的城市中，也有新教活动，这

❶ 韦伯（Max Weber，1864—1920 年）　德国社会学家、历史学家、经济学家；社会法学派在欧洲的创始人之一，著有《新教伦理与资本主义精神》《宗教社会学论文集》《经济与社会》等。

就是胡格诺派❶（法文的发音为"雨格诺"）。可是由于法国
君主信奉天主教，这个教派并没有多少发展的机会。

英国的宗教改革则是另外一种情形：英王亨利八世❷组
织的英国教派，由英国坎特伯雷大主教领导英国教区，从
罗马教廷独立出来，称为"英国国教会"。英国国教会的教
义，将天主教的教义与威克里夫的主张糅合在一起，成为一
个修正性的宗派。

这些宗教改革的努力弥漫欧洲。尤其在第五章所说的
那些城市里，其知识分子和工商人士纷纷接受加尔文的想
法。于是，欧洲的基督教分裂为天主教和新教两大系统。
新教本身教派众多，它们的共同点是反对天主教会。同时，
世俗的君主本来对屈服于教权就未必心甘情愿，在新教活动
开展的时候，新教力量比较强大的国家，其君主便倚仗人民
的力量，反抗天主教会的约束。这一现象，使欧洲列国分
为两个阵营——天主教的国家与新教的国家。

为了制裁寻求摆脱教会控制的国家和荷兰地区的新教

---

❶ 胡格诺派（Huguenots）　16—18世纪法国新教教派。其教徒成分复
杂，主要包括反对国王专制、企图夺取天主教会地产的封建贵族，以
及力求保存城市"自由"的资产阶级和手工业者。

❷ 亨利八世（Henry Ⅷ，1491—1547年）　英国国王（1509—1547年在
位）。他大力加强皇权，抗拒罗马教廷干预其婚事，1533年与教皇决
裂。次年，他将英格兰圣公会立为国教。

独立运动，教会以神圣罗马帝国的名义，号召许多支持教会的君主在各处实施武力镇压。镇压行动又引起别处新教力量的共同反抗，于是战火弥漫各处达三十年之久，欧洲列国卷入战争。

这些战争，名义上是不同教派的信仰者投入两个阵营，表面上是宗教问题，实质上却是各个民族国家为了建立主权而针对教权与神圣罗马帝国进行的斗争。最能证明这一点的是法国。这个天主教国家，在三十年的战争中却全力支持新教国家。连年征战，步兵战术逐渐取代了骑兵的冲锋陷阵，炸药摧毁了城堡的高墙——这两项新事物，动摇了西欧封建制度的根本。

三十年战争结束，根据停战约定《威斯特伐利亚和约》❶，神圣罗马帝国必须承认新教国家的独立地位。罗马教廷终于不得不接受现实：新教运动的实力，已足以和旧教分庭抗礼。从此，欧洲不必再屈服于政教合一的独断的权力结构，即罗马教宗与封建王公结合而成的二元一体权力体制。

随着民族国家的出现，各地族群纷纷寻求本族的民族认同。于是，贵族谱系的研究让路给族群方言的语言学研

❶《威斯特伐利亚和约》 结束欧洲三十年战争的合约，1648 年 10 月在威斯特伐利亚（Westfalen）签订，规定德意志境内新教和旧教地位平等，合约加剧了德意志的分裂割据局面。

究。人们经由考察传说和神话，追溯族群及其特色的民族文化。历史学研究也从人物传记、族谱家系和婚姻关系转向档案、账册、书函等，开启了近代史学传统的新局面。

阿奎那 ❶ 的"唯理论"

宗教改革的结果，除民族国家和资本主义的形成外，还奠定了启蒙运动出现的历史背景。下一章我们会讨论启蒙运动，现在，我们要对中世纪后期的背景提取一些信息。

13世纪，天主教会的神学家阿奎那对于基督教的阐释中，提出将希腊亚里士多德的哲学与基督教思想相结合。阿奎那在天主教的神学系统中地位甚高，可说是奥古斯丁以后的第一人。他的著作《神学大全》，至今还是天主教教廷的神学经典。他本身并不完全在修道院中学习，还进过几家大学求学和执教。

阿奎那将神学和其他学科结合成一个体大而严密的思维系统。他固然说明，圣父、圣子、圣灵乃是神的一体三面，但同时他也指出，神作为一个观念，经由人类的理性，

---

❶ 阿奎那（Thomas Aquinas，约1225—1274年）　中世纪基督教神学家，经院哲学的集大成者。他的哲学和神学体系被称为"托马斯主义"，1567年被罗马教廷定为普世教会圣师。

对自然进行观察，才能理解宇宙之中那一套神的规律，神律也就是后世的自然律。他将希腊哲学的唯心论作为基督教神学的主干，一方面将神学纳入寻求知识的学术范围；另一方面，他又提出，人可以基于理性，观察自然。这一观点，其实相当于启蒙运动时代高举理性保证知识之可以冀及。

尤其值得注意的是，阿奎那认为自然现象是根据"神律"而呈现的秩序。这一说法，俨然为后世现代科学打下了基础。自然律既然是可测的，那么学术研究就能从中寻找规律。

阿奎那的唯理之论，其根本价值还是在说明神的意旨、神的全在全能，而且自然是完美的、可测的。阿奎那的整套理论，对神学的传统有重要启示——当信仰基于理性时，就不会流入盲目，也不会依靠教廷或者任何权威的阐释，而是依靠每个人理性的探索和验证。

阿奎那的训练和研究，大部分完成于意大利的几所大学之中。如前所说，新教运动，尤其是马丁·路德提出的抗争，也都是在大学兴起的。中古晚期，欧洲许多城市——如第五章所说，提供了自由思想的基地。城市的经济资源来自工商业，不受封建领主的约束，也不必屈服于天主教教廷的权威。许多城市还从当地的领主那里争得了独立自主的权利。因此，当时还有所谓"城市里面的空气都是自由的"的说法。

托马斯·阿奎那

他是中世纪基督教神学家，经院哲学的集大成者。他运用亚里士多德形而上学的基本范畴"有"和"本质"来说明上帝的"自有、永有"，以万物应有"第一推动力"的说法论证上帝的存在。他的哲学和神学体系被称为"托马斯主义"。

欧洲"自由的城市"为近代文明发展奠定了基础

中古后期，由于伊斯兰教的势力已经将中东、近东组合成一个巨大的文化圈，因此在伊斯兰世界内，生产技术和商业经营都有蓬勃的发展。虽然有十字军东征引起的纷扰，但欧洲和伊斯兰世界间的文化与商业交往还是相当频繁的。欧洲城市在这种国际交流的背景下，经济兴旺、人口众多，大学彼此之间的交往也提供了学术思想交流和相互刺激的机会。

城市中的大学孕育了创新理论的机缘。单以科学方面来说，天主教会不容许解剖学出现，只有在城市之中，医生和学者们才有机会通过解剖学了解人体结构。欧洲当时面临大规模的瘟疫，医学应运而生。欧洲文化的基础不足以应付当时的需要，医生们结合伊斯兰世界传来的东方知识，加上解剖学的经验，方才对人体结构、血液循环有了比较准确的认识。

对自然界的现象，如前所说，基于理性与自然的认识，学者们不再安于基督教神学对宇宙的解释。于是，有了哥白尼提出的"日心说"以及伽利略提出的理论。他们二人都提出了地球以太阳为中心绕行的新宇宙论。科学宇宙观到启蒙时代才突飞猛进，终于发展成为今天的天文学。在中古时代晚期，这些大学中的学者已经在讨论对自然界的新认识和新解释，颠覆了基督教形而上学建构的神学宇宙观。

中古时代晚期，城市发展已经到了一个新阶段。以农村为基础的经济体系已不能满足新兴经济形态的需求。港口城市从远洋贸易中获取巨利，跨海远程运输，不可能没有风险；一艘出航的大船，投下的资金为数不小，其成本的回收和利润都须在远航归来后才能实现。一时投入巨大资金的需求和长期的耽搁、等待，使这些海运城市中的商人逐渐发展了以银行贷款作为基础的信用制度以及分摊风险的保险行业。这两个新兴的经济制度，毋庸置疑是资本主义发展的重要基石。资本主义的起飞，要在十五六世纪以后，然而，其起点就在中古时代晚期，就在这些自由的城市。

外来的商货在城市之中经过加工制造成商品，于是城市中出现了专业的生产作坊。作坊生产和农舍手工业有着极大的差别。作坊生产和商业有密切的关系，同样需要银行贷款和保险作为资本。

作坊的工人是专业的技术人员，他们有机会在产品的制造过程中，不断改进技术，节省成本，扩大利润。技术工人的专业和农舍手工业的功能、性质并不一样，专业工匠的出现，也是工业革命的必要条件。

举一个例子：建造大教堂的建筑业，所谓"石匠帮"（共济会）团体，实质上是一个庞大的建筑工程队伍。一群技师和专业技工，接受委托，设计打样，取得石木材料，分配工序，分别操作，一步步终于将各种分工综合为全套的建筑艺术，整个事业是非常复杂而专业的分工协作。当时，欧洲各城市常常有巨大的教堂，彰显教会和教士的经济力量。这些建筑集团，经常为了建一座教堂而驻守数十年。

各地的建筑团队也彼此照顾和联系，共济会因此成为跨国和跨城市的专业组织，其庞大的力量令宗教和世俗权力都不能不对他们另眼相看。共济会也是工业革命以后出现的专业公会的前身。

中古时代晚期，欧洲发展的形态可谓脱胎换骨，从僵化呆板的宗教专权和粗糙的封建制度，到思想、经济、社会各个方面都经过挣扎，摆脱旧日的包袱，创造了后世欧洲现代文明的发展契机。

这一过程与第五章前半节所说的中国历史发展的过程大相径庭。中国在唐宋以后，也是由于所谓"蛮族"入侵，重新寻找自己的秩序，从文化的古代渊源寻求复兴。可是中国的儒家思想却走向了理学的僵固结构，这一正统思想和政权的结合，将中国带向内敛，并丧失了唐宋时代多元的活力。

宋代以后，中国也有城市化的现象，但是这些城市最终和行政都市相结合，而无法独立于政治权威，成为自治单位。就整体言之，在欧洲破茧而出的同时，中国却走向稳定、不求变化的僵化局面。

法国共济会总部的标志

其主体图案由分规、曲尺和书本组成。共济会是 1717 年 6 月 24 日成立于英国伦敦的一个组织，名字 Free-Mason 字面之意为"自由石工"。共济会前身是中世纪的石匠行会，近代共济会摆脱了石匠行会的"实践性的石匠"性质，成为"思想性的石匠"，亦即投身社会改革的政治团体。

　　这一时期，欧洲和中国各走各的道路，两个世界之间则以伊斯兰世界为中介。东方和西方的远程贸易与彼此之间文化的接触和交流，都是间接的，并且不再引发刺激和响应。中古晚期，中国和欧洲两个世界都走在转变的关头，开放和闭塞，契机已经出现。

　　本节所说的一切，读者可以从我的另外一部作品《世界何以至此》的相关章节了解到更多的细节。

第七章

中国的封闭与西方的开放

　　这一章和上一章涵盖的时代会有一些重叠，不过这也无所谓——历史如抽刀断水，无法有明确的分界。

蒙古帝国的开疆扩土与暴力统治

　　蒙古帝国狂飙于欧亚大陆，成吉思汗一路攻城略地。木华黎❶则奉命以"中国国王"的名义，率军掠取已由金国占领的中国北方——中国南方则还在南宋统治之下。忽必烈时代，蒙古人攻击南宋，取得了中国南方领土。当时，

---

❶ 木华黎（1170—1223 年） 成吉思汗的大将。初为成吉思汗伙伴，从征蒙古各部，屡立战功。蒙古建国，他被封为左手万户，后在闻喜（今属山西）病死。

北方的居民被称为"汉人"，南方的居民则被称为"蛮子"。
无论是汉人还是蛮子，在蒙古帝国的人群分类中都是地位
低下的人。上层是草原上的人群，即蒙古帝国的游牧人众，
称为"国人"；蒙古帝国在中亚的人众则称为"色目"，这
两类人的地位都高于中国人。

蒙古人作战，没有后勤补给，千里奔袭，粮食取自敌
人。大军所在，也是因需要而随时就地征发给养。蒙古帝
国的诸汗国，都以武力占领的方式统治地方，随时随地分兵
四处"打草谷"❶，百姓不胜其扰。有些地方，如伊利汗国，
有当地人自愿出头，包办征收钱粮，供给蒙古可汗。这种
人既得到蒙古驻军的欢心，又替百姓解决了不时之扰，而且
包税还有利可图，日久之后，便反客为主，俨然成为地方政
府。伊利汗国包税人就成为莫斯科大公，终于建立了俄国
的统治王朝。

蒙古帝国统治中国也是分兵占领，分兵驻防。蒙古人
自己的军队以及从西域、中亚调回来的色目签军，分别在中
国各地驻军。驻军的单位主管称为"万户"，地位相当于今
天的师长。他们没有真正的税收制度，在需要物资或粮食

---

❶ 打草谷 《辽史》卷三十四《兵卫志上》："人马不给粮草，日遣打
草谷骑四出抄掠以供之。"辽初，这种无专门的后勤保障，靠军人自
筹给养，掳掠民间粮草财物的作战方式，被辽人称作"打草谷"。

成吉思汗（1162—1227 年）

即元太祖，名铁木真。成吉思汗十四年（1219 年）第一次西征，灭花剌子模，遣军攻入钦察，在喀勒喀河击败斡罗思和钦察联军，占领中亚大片土地。二十二年，灭西夏，在六盘山病死。元朝建立后，追尊为元太祖。

的时候，便派出军队，四处搜刮。中国正史《元史》等汉人士大夫编著的典章制度，多是汉人学者一厢情愿地盼望元王朝能够做到之处。

其实，中国境内的蒙古地区，甚至在忽必烈时代，也不过是蒙古许多地方汗国之一。在中国的区域内，除蒙古和西域的各种军队外，还有许多地方军阀盘踞各地。历史比较悠久的地方军力，如河北的汉军元帅，史家、张家等军阀世家，前后对金、元势力俯首称臣，俨然成为独立的政权。

在进攻南方以后，汉军元帅张弘范❶的军队乃是主力部队之一，俘获了文天祥。元末义军蜂起，最后保卫蒙古残余的军队，乃是盘踞在山西、河南和陕西的王保保❷、李思齐❸、

❶ 张弘范（1238—1280 年）　元大将，字仲畴，涿州定兴（今河北保定定兴）人。至元十五年（1278 年）任蒙古汉军都元帅，南取闽广。他使弟弘正为前锋，俘文天祥于五坡岭（今广东海丰），次年灭宋。

❷ 王保保（? —1375 年）　即扩廓帖木儿，元末沈丘（今属河南）人，察罕帖木儿甥，自幼被其养为义子。察罕帖木儿死后，他代为统帅，于至正二十二年（1362 年）冬破益都，后被封为河南王，总天下兵。

❸ 李思齐（1323—1374 年）　元末罗山（今属河南）人，字世贤。至正十二年（1352 年），他与察罕帖木儿同时起兵，镇压红巾军，后割据一方。明洪武二年（1369 年），他穷蹙降明。

张思道 ❶ 等人。虽然有一个蒙古名字"扩廓帖木儿",但王保保是汉人,他的部下大多也是汉人。为保蒙古政权,他对朱元璋抵抗最力。朱元璋颇为赞赏王保保,称他是"奇男子"。李、张二人的名字,十足反映出理学的观念。可见这君君臣臣的伦理观念已经代替了华夏、夷狄的民族观念。朱元璋称帝后,也非常注意提倡君臣的伦理。

就整体说来,元朝时期的中国,"汉人"和"蛮子"能做的其实非常有限。如上一章所说,象征性的科举,分为左、右两榜,汉人和蛮子的一榜,取录人数远比国人和色目那一榜少。汉人和蛮子在录取后被授予的官职,也比国人、色目低下,而且大多只是"教谕" ❷ 之类的闲职。

庞大的蒙古帝国包含许多单位,由王子们分别占领,中国是其中之一。但蒙古人最后都被汗国的文化同化了:在中亚和西亚一带,他们被伊斯兰教同化;在印度,则被印度文化同化;在中国,经历了朱元璋的北伐,蒙古人退回草原,建立后元,以长城为界,长城以南的内蒙古最终被中华

---

❶ 张思道(1329—1409 年) 即张良弼,元末期著名将领。他曾官拜陕西宣慰使、参知政事、湖广参知政事、陕西左丞相等职。洪武二年(1369 年),徐达率军进入陕西,李思齐降,王保保北逃,张思道耻为明用,遂隐居。

❷ 教谕 学官名,宋代在京师设立的小学和武学中始置,元、明、清为县学学官,掌文庙祭祀,教育所属生员。

文化同化。

蒙古占领中国时，乃是一个依靠暴力统治的帝国，而继承元朝的明代，凭借以中国农民为主力的革命，从蒙古手上夺回了中国。明代革命，本是以明教信仰团结起来的抗元活动。在朱元璋将要建国时，才得到儒家学者的支持。

明朝皇权高度集中

朱元璋建立的政权，大体上是按照汉代和宋代规划的皇权与文官体制。明太祖称帝后，大量杀戮功臣，他死后，藩王争夺王位爆发的"靖难之役"❶，又是一轮"排除异己"。因此，永乐年间，开国初期的文武老臣几乎全部消失，皇权全无约束，明代皇帝的绝对专制，超过了汉代以后的任何王朝。

明代的政权和皇帝的权力，在中国历朝中是最为绝对的。明太祖废除宰相以后，皇帝直接管理政务，谏官、监

❶ **靖难之役**　明太祖为加强皇权，分封诸子为王。北边各王握有兵权，势力更大。惠帝（太祖孙）即位，因尾大不掉，用齐泰、黄子澄策，先后废削周、齐、湘、代、岷五王。建文元年（1399年）燕王朱棣起兵北平（今北京），以讨齐、黄为名，号称"靖难"。建文四年（1402年）燕兵破京师（今江苏南京），惠帝死于宫中（一说逃亡）。朱棣即位，是为成祖。

官几乎不能按照法定的职权约束皇权。明代的"廷杖"❶，常常当廷活活打死批评政权的大臣。在这种暴力皇权下，言官制度根本无法平衡皇权。

明代的太监，权力出自内廷，却可以干预政务，实际上拥有更大的权力。宦官监军制度，使其得以随时干预各政府单位的施政。再加上内廷的特务机构锦衣卫、东厂，随时可以逮捕、拘禁、处死官吏与百姓，因此，这个政权可说是中国历史上前所未见的专横暴力。

虽然明代文官享有若干特权，例如，明代的士大夫拥有财产免税的优遇，然而，直到明朝晚年，以士大夫为主体的东林党❷和复社❸才有批判皇权的运动。他们为此付出的代价也堪称巨大，无数敢言的儒生牺牲了性命，就是为了提出批判和抗议。

---

❶ 廷杖　皇帝在朝廷上杖责臣下的肉刑，始于东汉，其名则始于三国吴。从明太祖开始，廷杖成为常刑，多有毙于杖下者。

❷ 东林党　指明朝晚期，以江南士大夫为主的政治集团。神宗后期，政治腐败，矛盾激化，万历二十二年（1594年），无锡人顾宪成革职还乡，与高攀龙、钱一本等在东林书院讲学，讽议朝政，评论人物，得到部分士大夫的支持，于是称为"东林党"。

❸ 复社　明末江南士大夫的政治集团。崇祯初年（1628年），一部分江南士大夫继东林党之后，纷纷组织文社。太仓人张溥和张采等合并应社、幾社等江南文社，称为"复社"。顺治九年（1652年）复社被清政府取缔。

明朝政府压制对外贸易导致经济落后

明代的商业活动其实相当活跃，海上贸易触及整个亚太地区，从官私贸易中均取得了巨大的利润。可是，内廷派遣太监经营，与民争利，导致民间难以累积足够的资金形成再投资的资本，从而无法发展更高的生产力。

农业方面，明代从开国时代起，就常常掠夺富人财产，以支持军队和公共建设。明代对农业征税，以土地产量为主。官、绅、僧、道，都享有免税的特权，更不要说分封的亲王和他们的子孙了。政府养兵的卫、所军户，持有的土地也是免税的。因此，明朝征收的土地生产税并不能应付国家的支出。一有重大事件，如对外战争或皇室典礼，政府就要以"派捐"的方式向百姓征收额外的税赋。这些派捐对象当然是以有能力出钱的工商人士为主。于是，虽然明代对外贸易兴盛，应当刺激生产事业的继长增高，但民间产业却经不起一次次的派捐。

与同时代欧洲自由城市发展的资本主义相比，中国根本没有经历欧洲资本主义的萌芽阶段。15世纪，世界大洋航道开通，商业力量经营高桅大船，深入东方海洋。在这一背景下，中国民间也有许多人企图赶上大洋航道开启的商机，但是，私人投资的海外贸易既得不到政府的支持，又因为常常和日本九州的海上集团合作，而被认为是倭寇的同

《筹海图编》局部

明代私人投资的海外贸易既得不到官方支持，又因常和日本九州海上集团合作而被认为是倭寇同伙。《筹海图编》由明代抗倭最高统领、浙江总督胡宗宪组织编纂，已将钓鱼屿、黄尾屿和赤屿等岛屿纳入了明朝的海防区域。

伙。所以，本来可能发展国际贸易的海商集团，不是在战斗中被摧毁，就是被管理海外贸易的派捐或被皇室掠夺了利润，消耗殆尽，没有积累为国际贸易的资本。正当世界第一次走向全球经济体系的时代，中国不但没有把握这个时机，还加以种种阻力，错过了可能获得的资源。

明代虽然有过永乐年间郑和下西洋的壮举，然而，这七次远航的舰队，并没有在世界大洋航道开拓的历史上留下长远的影响。永乐之后，中国的海疆时开时闭。整体讲来，明朝是相当封闭的时代。蒙古退回草原以后，徐达❶修筑了今天被称为"万里长城"的边墙，从此中国对于北方一直采取守势。西起嘉峪关，东至山海关，所谓"九边"❷，将中国隔绝于草原之外，从此再也没有追奔逐北之心。东边的建州卫❸等部落与明代政府的关系，正如古代的羁縻府

---

❶ 徐达（1332—1385 年） 字天德，濠州钟离（今安徽凤阳）人。元末参加朱元璋军，与常遇春同称才勇。朱元璋攻灭张士诚、北上灭元，都用他为大将军。有谋略，行军持重有纪律，死后追封中山王。

❷ 九边 明北方九个军事重镇的合称。明王朝为防御中国北部境内游牧部族侵扰，东起鸭绿江，西至嘉峪关，分命大将，统兵守御。初设辽东、宣府、大同、延绥（榆林）四镇，继设宁夏、甘肃、蓟州三镇，又太原与固原以近边亦称二镇，合称"九边"。

❸ 建州卫 明代女真诸卫之一，属地方军事行政机构，于明永乐元年（1403 年）所置，在今图们江一带原女真人所居地区，以阿哈出（后赐姓名李思诚）为指挥使。

州，遥奉中央号令而已。

沿海一带，从山海关到今天的厦门，许多地方都在海岸上建筑边墙。我曾到过山东的蓬莱和威海，两地都有地势险要的山壁。然而，明代的卫所在这些海防要地，也像北方修建万里长城一样，沿着海岸边修筑起蜿蜒起伏的城墙。对着大海筑墙，乃是一种保守自卫的心态，对墙以外的事情没有兴趣。

这种封闭的心态，正像朱元璋起义时的口号：高筑墙，广积粮。并且，留下了一个保守的传统。因此，明代虽然具备对外接触的条件，如元朝时长期使用的横跨欧亚大陆的驿站，但在明代筑边墙之后，通往西方的驿站除哈密外，都不再使用。

明朝经历了大洋航道的开放，西方的列强——葡萄牙、西班牙、荷兰、英国，再加上东方的日本，纷纷扬帆而入。中国的澳门曾被葡萄牙人当作入华据点，许多天主教教士经此地，带来了西方知识，但这些对明朝的社会和文化影响微弱。

这并不是说中国民间对外来的刺激没有反应。华南沿海的居民，不断向马来西亚等地移民。中国的移民，实际上是偷偷摸摸进行的，政府并不准许他们外移。历史记载：有人在外移若干年以后，回到故乡，向政府请罪，得到政府许可，回归本籍。

在东南亚一带，华人开辟的社区为数不少，有成千上万的华人聚居，但是在明代朝廷看来，这些都是私自外移的不肖奸民。在大洋航道开通之后，海外的华人社区对于海上的贸易已经非常熟悉，广东、福建、浙江的老百姓纷纷投入海外活动。他们可以远从安徽聚集资金，在广州、福建造船出海。

中国人的海上活动集团其实也相当活跃，只是相比欧洲海上列强以及日本等国的海上集团来说，他们不仅不能获得政府的后援，反而被政府看作不肖之徒。这种处境，使中国的海上集团不得不和其他国家的海上集团合作。明代的所谓倭寇，十分之六是华人。当海上列强支持明朝的人民在海外开拓的时候，明朝政府却在大力地打击中国人的海上活动，中国人遂不自觉地放弃了参加全球经济网络的机会。

思想封闭使明朝走向覆灭

火药本来是中国发明的，而且中国人也将火药用于战争，如宋朝的虞允文❶就用火器打败了蒙古的骑兵。蒙古

---

❶ 虞允文（1110—1174 年）　字彬甫，隆州仁寿（今属四川）人，绍兴进士。南宋孝宗乾道元年（1165 年）任参知政事兼知枢密院事，乾道三年（1167 年）任四川宣抚使。

西征，火药也用于战场，于是使火药传入了西方。伊斯兰军队将火药用于抛掷器，攻城略地，摧毁堡垒。欧洲各国在 14 世纪以后，战争不断，他们逐渐发明了今天的枪和炮。西方的船舰，到了东方所向披靡，就是因为他们有现在所谓的火枪和炮。

明代政府的军队，如胡宗宪❶、戚继光的军队也用火器，但只是将虞允文时代的火器略加改进。这些中国火器基本上是火箭一类的投射器，很少用金属铸造。明代火器的用法，大致类似于今天无后坐力的发射方法：竹筒里面放满了火药，火药爆炸，竹筒会向前方冲，用来火攻敌方。明朝军队配备的一些火箭车或是"雷车"，也是将一台台火箭装置在木框上，和今天连环发射火箭的火箭车是一样的。明朝甚至能用热气球或风筝，带着燃烧的火球，定向飞往敌人的营垒，用来火攻敌人的阵地。

尽管如此，这些做法和西方已经使用的火炮和火枪相比，杀伤力、破坏力，尤其是准确性都相差甚远。明朝曾经用神机炮、红衣大炮打击满族的军队，遏制了努尔哈赤的强力攻势，并使努尔哈赤受伤。但是明朝自己没有制造

---

❶ 胡宗宪（约 1512—1565 年）　明徽州绩溪（今属安徽）人，字汝贞。嘉靖三十三年（1554 年）他以巡按御史的身份受命巡视浙江倭事，次年代为浙江巡抚，后升总督，在任八年全力抗倭。

大炮，必须向澳门的葡萄牙人购买。明朝的"九边"边墙，只有辽东部分配备了大炮。辽东皮岛的毛文龙❶有一支私人的武装力量，却拥有从葡萄牙人那里购来的强大火器。满族人受挫于大炮之后，自己也购买火器，编练了火器部队。正是清军自己组成的这一火器部队，加上投降的辽东火器部队，在征服中国的过程中，所向披靡，摧毁了汉人的抵抗。

从这些例子中可以看出，明朝政府对新事物的接受十分迟疑、缓慢。明朝官方和大多数上层人士，面对西方新的理论方法和技术，基本上无动于衷。

朱元璋建立的明代专制政权，不鼓励任何向权威挑战的思想。朱元璋恢复科举制度时，规定读书人只能读"四书"，其中，《孟子》还必须删节，去除他认为对君主大不敬的章节。"四书"的解释又只许遵循朱熹的注解。这种桎梏思想的做法，造成了有明一代读书人思想的狭窄和偏颇，他们正如《儒林外史》中形容的读书人那样，只会按照固定的题目做没有原创性的文章。他们对"四书"的内容甚至并不了解，但只要能背诵范文，就可以应付考试。

---

❶ 毛文龙（1576—1629 年）　字振南，明朝抵抗后金的名将，历仕万历、泰昌、天启、崇祯四朝，官至左都督平辽总兵官。辽东失陷后，毛文龙率兵深入敌后，收复了部分失地，与后金展开拉锯战，战功卓著，有"海外长城"之誉，后被袁崇焕矫诏处死。

　　这种长期的思想封闭，当然也造成了反弹，所以在明朝中期以后，出现了王阳明的思想。王阳明提出了"心学"，认为心是自由的，心是思想的主体。王阳明的心性之学出现以后，朱子学派大受伤害。当权者不喜欢王阳明的心学，因为这种自由的思想对统治者是不利的。可是，读书人里总是有许多人会提出抗议，要从专制独裁的政权中寻求心灵的解放。于是在明代晚期，王阳明学派中出现了许多挑战权威、挑战现实的学者，其中较为著名的，如李贽❶、何心隐❷等人，都是佼佼者。又如王艮❸，他还组织了一个理想的社群——泰州学派❹。

---

❶ 李贽（1527—1602 年）　明代思想家、文学家，泉州晋江（今属福建）人。他认定《论语》《孟子》等儒家经典只是当时弟子的随笔记录，并非"万世之至论"，终被统治者以"敢倡乱道，惑世诬民"的罪名逮捕，后自杀。

❷ 何心隐（1517—1579 年）　明学者，泰州学派代表人物之一，原姓梁，名汝元，号夫山，永丰（今属江西）人。他到处聚徒讲学，曾以计促严嵩罢相，为严党所仇，遂改姓名，广游天下。后来，他得罪张居正，遭杀害。

❸ 王艮（1483—1541 年）　明代哲学家，泰州学派的创立者。初名银，王阳明为其更名，字汝止，号心斋。他拜王阳明为师，但又"时时不满师说"，以讲学终生。著作有《王心斋先生遗集》。

❹ 泰州学派　即以明王艮为代表的学派，主张"百姓日用即道"，要求从日常生活中贯彻封建伦理道德，宣传"明哲保身""安身立本"等，其门人多为社会下层人物。泰州学派在明中后期有一定的影响。

　　明朝后期，宦官专政，引起士大夫的普遍抗议。东林党和复社，都是大批对现实不满的读书人组成的抗议集团。他们前仆后继，批判现实政治。虽然号为"反抗宦官专政和奸臣专权"，但实质上，他们反抗的是保守而桎梏的现实。东林党、复社运动延续到明朝晚期，形成中国前近代史上令人钦佩的知识分子反抗运动。

　　李自成、张献忠、流寇活动和清军进攻，颠覆了明代的统治。大规模的农民革命，基本上是贫富不均、民不聊生造成的。明代的政权不仅专制、保守，在经济制度上也极不公平。如前所述，明代的土地生产税乃是政府征税，可是，有明一代享有免税特权的人口却不少：皇亲国戚、卫所军户、官员缙绅，都有宽免田租的特权。于是，只有无权无势的农民要负担田赋。这种不公平的制度，加上地主的兼并，使平民失去了自己的土地。

　　中国北方缺少活泼的工商业，经年饥荒之后，农民只有离开土地，加入反叛的队伍。李自成和张献忠在北方起事。政府组织大量的兵力镇压，却不得成功。李自成攻入北京，山海关的守将吴三桂降清，清兵入关，明朝覆灭。

清末据史所作年画《铁冠图》

李自成的农民军直逼京城，明崇祯帝见大势已去，赐死了周后，上煤山自缢
而亡。

明亡后知识阶层的反思

明亡以后，对于整个朝代不幸的历史，有见识的读书人有过相当沉重的反省，在这里我只提出三个人作为例证。

第一位是黄宗羲❶。明亡以后，他在《明夷待访录》里提出完整的批判和建议。他认为，几千年来的帝制，皇帝以天下为产业，这是不对的。皇帝只是受上天委托治理，天下不为皇帝私人所有，臣子也不是皇帝的奴仆，群臣是治国的工作队伍。他的《原君》《原臣》两篇，批判了几千年来帝制的根本缺陷。他主张学校不仅是教人读书识字的教育机构，也应是知识分子群聚起来，对现实的政治有所监督和批判的地方。最高级学校对现实的批判，皇帝和宰相应该聆听；地方的学校对现实的批判，地方的行政人员也应该到场聆听。他的建议和现在的代议制度还有相当的距离——虽然是读书人，是知识分子，但他们不是民间选出来的，并不代表民选。不过，读书人却代表着社会精英，接受过专业训练，对于政治有密切的观察，可以对现实提出具体的建议。黄宗羲的这一番想法还是弥足珍贵的。这是

❶ 黄宗羲（1610—1695 年）　字太冲，号南雷，学者称"梨洲先生"，浙江余姚人。领导复社成员坚持反宦官权贵的斗争，几遭残杀。著作有《宋元学案》《明儒学案》《明夷待访录》《南雷文案》等。

除西方民主政治以外由专业精英监督的政治理想，而执掌政权的君臣，都不过是受委托管理而已。当然，《明夷待访录》只是一家之言，明朝亡了，清朝的政权也没有理会黄宗羲的意见。

第二位是顾炎武❶。顾炎武在他的笔记中，对历朝历代的种种制度，从政府结构到财政措施、特殊资源的管理，无不有明确的分析和批判。他的《日知录》不仅是历史，而且是对整个历史的一番检讨。

第三位是方以智❷。他的著作很多，这里我只想提《药地炮庄》一书。书中他将《庄子》作为会同儒、道、佛三家的根本，认为《庄子》和《周易》可以互为注解。我们可以赞成他的观点，也可以质疑他的意见，但必须注意到，自董仲舒以后，中国独尊儒家为正统，再也没有人产生联系儒、道、佛三家的思想。方以智却是以道家的《庄子》作为根本，这是相当有革命性的观察和作为。方以智曾经和

---

❶ 顾炎武（1613—1682 年）　初名绛，字宁人，曾自署蒋山佣，江苏昆山人，学者称"亭林先生"。其学问广博，于国家典制、郡邑掌故、天文仪象、河漕、兵农以及经史百家、音韵训诂之学，都有研究。

❷ 方以智（1611—1671 年）　字密之，号曼公，桐城（今属安徽）人，通晓中国传统自然科学和当时刚传入的西方近代科学，著作有《通雅》《物理小识》《东西均》《药地炮庄》等。

来华的天主教传教士有过相当多的接触。自从利玛窦[1]来到中国以后，耶稣会[2]的教士不断来华。这些有学问的教士和中国读书人讨论中西的异同，介绍西方的思想和学术。中国学者，如徐光启[3]等人，也致力于介绍西方思想，使国人了解欧洲思想的大概。方以智却是提出自己的一套有系统的思想，在《物理小识》这部书中，他解释了所有的天体和宇宙之中力量的浮动。譬如，他提出了类似今天"波动说"[4]的宇宙论，他甚至已经接触到质和能的互换——这是中国历史上破天荒的奇事。一个对于前现代的科学仅有过

[1] 利玛窦（Matteo Ricci, 1552—1610 年） 明末来中国的天主教耶稣会传教士，字西泰，意大利人。他于万历十年（1582 年）奉派来中国，初在广东肇庆传教，后任在华耶稣会会长。他主张将孔孟之道和宗法敬祖思想同天主教相融合。

[2] 耶稣会（Societas Jesu） 天主教主要修会之一，1534 年由西班牙人依纳爵·罗耀拉创立于巴黎，旨在反对欧洲的宗教改革运动。会士除严守"绝财""绝色""绝意"这"三愿"外，还应无条件效忠教皇，执行其委派的一切任务。明末清初，耶稣会传入中国。

[3] 徐光启（1562—1633 年） 明代科学家，字子先，上海县（今上海市旧城区）人。他于万历三十一年（1603 年）入天主教。他的研究范围广泛，较早从利玛窦等学习西方的天文、历法、数学、测量和水利等科学技术，并介绍到中国，是介绍和吸收欧洲科学技术的积极推动者。

[4] 波动说（undulation hypothesis） 范·贝梅伦（Van Bemmelen, 1904—1983 年）提出的一个概念，他认为地壳运动是由地球不同大小的波动的发展引起的。

模糊接触的人，居然能不经过实验，只是经过理性建构，就提出现代物理学中若干重要的概念。

明末清初，这些人能够提出革命性的批判和检讨，也可以提出独特的想法，此时确实是一个具有活力的时代。正因为国亡家破，文化也在崩溃的前夕，这些人痛定思痛，才能做出如此深刻的分析。

可惜的是，清朝不仅延续了明朝的专制独裁、封闭保守，还更具有征服王朝的特性：以被征服者为奴，不容许任何挑战现实的想法。明末清初这些深刻的思想，没有被官方接受，官方甚至不允许这些思想在民间流传。

我们可以说，中国两千年文化的演变，到了明清之际，长期的传统已经衰败，再生的生机也被扼杀。清朝一代，虽然俨然是一个庞大的帝国，却只是消耗了几千年的文化，没有给予其重生的机会，更不具备继长增高的资源和环境。中国文化的毁灭，可说就在"明社既屋"❶之时。言念及此，为之扼腕。

---

❶ 明社既屋　意即明朝已经被推翻了。社，宗庙社稷；屋，即车盖、覆盖物；屋社即为王朝倾覆的代称。

大洋航道的开拓与新大陆的发现

此时西方发生的两件大事是大洋航道的开拓和新大陆的发现。在谈到这两件事以前，我们必须谈到中东伊斯兰教势力的转移。自伊斯兰教崛起以来，中东人口一直是以阿拉伯民族和伊斯兰教的教士组织的伊斯兰教阿拉伯大帝国为主。蒙古的西征，冲击了阿拉伯大帝国。

14世纪以后，中东的霸权转移到奥斯曼帝国。这一信奉伊斯兰教的军事强权，是由一个战斗部落发展而成的。它的源头，应当是今天的新疆。唐代昭武九姓❶之后，中亚各民族进进出出、分合不定。从唐朝到元朝，中国北方的游牧大帝国突厥、契丹、西夏败亡后，有一部分人流向中亚，在中亚成立了新的国家。这些人的后代，混合成一个相当强大的军事族群，不止一次出现了所谓的"黑山汗"❷。

---

❶ 昭武九姓　南北朝、隋、唐时期，对从中亚来到中原的粟特人及其后裔所建小国的泛称。因其王均以"昭武"为姓而得名。具体包括康、史、安、曹、石、米、何、火寻和戊地国等。昭武各国位于古丝绸之路上，世代经商，唐中叶平定西突厥后，臣服于大唐王朝，后与中原汉族融合。

❷ 黑山汗　即"黑汗"王朝，又称喀喇汗王朝（Qara Khanid），以其出土的王朝古币铭文上屡屡出现"喀喇汗"字眼。是古代西北地区回纥人和葛逻禄人等族群在今中国新疆、中亚建立的封建政权。辖地包括今中亚和中国新疆南部的部分地区。

蒙古西征时，黑山汗的后代也参与了游牧族群西征的大浪潮。13世纪末，他们建立的塞尔柱帝国灭亡了，后来，他们的子孙成为伊斯兰教帝国的雇佣兵。伊斯兰教帝国的禁卫军，也都从这些善战的族群中拣选精壮少年，长期培训，号为劲旅。

伊斯兰教帝国军事总督的名称是苏丹，因此，土耳其族群的领袖也自称苏丹。土耳其族群占领了欧亚大陆连接的部分，与东罗马的拜占庭帝国抗争，终于在15世纪中叶灭了了拜占庭帝国。由此，奥斯曼帝国掌握了地中海东岸、红海和波斯湾。这片区域是东方和欧洲贸易路线的必经之途，东方的香料和中国的丝绸、瓷器，不是经过红海，就是经过波斯湾运入欧洲。

地中海沿岸的商业城市，都依靠贸易为生。在蒙古大帝国时代，红海、波斯湾这两条路畅通无阻。奥斯曼帝国兴起以后，其苏丹以强大的海军击败了欧洲列强，地中海中部和红海、波斯湾地区完全落入他的掌握之中。奥斯曼征收过路费、没收船货，导致中西贸易几乎中断。

这些商业城市无路可走，必须寻找新的出路，于是，欧洲和其他海洋国家开始寻找新的航道。这些在海上探寻新路的水手依靠地中海沿岸的君主们和城邦的支持，远航探道——西班牙和葡萄牙是其中最为热心的两个国家，它们寻找的航道指向沿着非洲进入印度洋，再从印度洋进入太平洋。

　　这条线路和过去的航路不一样。传统上，东西的航道是沿着海岸边航行，从中国的南海，借着季候风和洋流绕过马来西亚半岛，进入印度洋，再沿岸向北行驶。跨过孟加拉湾，经过斯里兰卡，横渡一小段海路，到达波斯湾或红海，再走旱路，进入地中海或是经过波斯湾西岸，转运到欧洲。这两条航路相当近，且不需要跨越大洋。

　　西班牙和葡萄牙的水手尝试从非洲绕入印度洋，从下方跨入印度洋，再进入太平洋。两个大洋的南端都是欧洲人和亚洲人从来没有航行过的地区。中国人发明的指南针，此时已经传入欧洲，成为茫茫大海上重要的导航工具。达·伽马等人都从这个方向经过新航路，到达东方。好望角当然是其中最重要的路标，从那里才能进入印度洋。另外一段就是从印度洋跨入太平洋。麦哲伦则绕过大西洋南端，进入太平洋。

　　在15世纪下半叶，海上航行的水手们把这两条路打开了。不过，新航道线路迂回，而且中间常常驶入赤道无风地带，航行极为困难。可是，在这一条路开拓的过程中，欧洲人，尤其是葡萄牙人，也另外开拓了新的资源。例如，在非洲沿海建立殖民地，种植咖啡，发展蔗糖产业——他们也开始掳掠非洲人为奴，使用无偿的劳力。

　　更大的事件是，哥伦布发现了新大陆。哥伦布相信地球是圆的，认为从东往西一直航行，总有一天会走回东方。

后人所绘哥伦布发现新大陆的场景

1492 年 10 月 12 日凌晨，哥伦布发现新陆地。哥伦布认为他到达了亚洲，但是他发现的只是加勒比海中的巴哈马群岛。第二天上午，哥伦布在中部的一个岛登陆，并把它命名为圣萨尔瓦多岛（华特林岛）。

他的理论没有错，但他对于地球球面距离的估计，却有不小的误算。1492 年，哥伦布到达了美洲东岸的西印度群岛，直到去世，他一直坚信他到达了印度，下一步就能抵达中国。

新大陆的发现，是人类历史上一个重大的事件。旧大陆的人类因为新大陆的发现，忽然得到了一大批财富。发现这批财富的西欧白人，利用这些财富发展了资本主义和工业革命，然后发展为近代的帝国主义。

哥伦布到达的西印度群岛成为西班牙人开拓的首要基地，他们在那里种植咖啡、甘蔗等经济作物。接着，西班牙人进入墨西哥湾，开始向美洲的内陆进发。在三四十年内，西班牙人到达了中南美印第安人建立的三个国家——玛雅、阿兹特克和印加。前两者都在今天的中美洲墨西哥一带，而更为庞大的是从中美一直延伸到南美洲西岸顶端的印加帝国。印加帝国的居民超过两千万，玛雅和阿兹特克的人口总数不能确定，但也有数百万。这三个地区都有非常复杂的政治组织，也有文字记录和人口众多的城市。

美洲的财富促进了西方工业的大发展

西班牙人征服中南美的过程，可说是人类历史上最丑恶的一页。1533 年，有一群西班牙的开拓者，由弗朗西斯科·皮萨罗❶领队，带了一百八十六名战士（包括五个天主教的教士）、二十七匹马，以这么少的人数，居然毁灭了这么庞大的印加帝国。

西班牙人刚到时，当地居民以为他们是神话中的天使下凡，于是敞开怀抱欢迎这批其实如同魔鬼的征服者。一百多名持有火器的西班牙战士，劫持了设宴款待他们的印加皇帝，要求印加人支付赎金——黄金要铺满百来平方米的大厅，铺到膝盖这么深。印加人诚实地运来大量的黄金和白银，但是西班牙人并没有释放印加皇帝，反而挑起印加王室兄弟的内斗。在内斗中，西班牙人以火枪射击印加的战士。印加人的武器却只有青铜和石英石制成的刀剑，印加人也从来没见过马匹，快速奔驰的战马和骑在马上的火枪手，不是这些印加战士可以抵抗的。西班牙人征服了这个庞大的国家，将整个印加帝国作为殖民地。

白人带来的瘟疫、天花、伤寒、霍乱、性病等，在不到一代的时间之内，使得印加帝国人口锐减，有些地区死亡率达到 95%。更可恶的是，西班牙人将印加人的文字典籍

---

❶ 弗朗西斯科·皮萨罗（Francisco Pizarro，约 1475—1541 年）　西班牙殖民者。1519 年到巴拿马，后以此为基地展开对南美的探险，1531—1533 年征服秘鲁，灭亡印加帝国。他掠夺大量印加帝国的黄金，实行殖民统治，后死于内讧。

弗朗西斯科·皮萨罗　法国凡尔赛宫所藏皮萨罗画像

他以一百八十六人、二十七匹马灭亡了整个印加帝国，并杀害了印加君主阿塔瓦尔帕（Atahualpa，1532—1533 年在位）。

通通毁坏，神庙上镶嵌的金银和宝石也通通被他们剥落，掠回西班牙。

玛雅和阿兹特克也沦为殖民地，同样地，瘟疫夺走了这两个帝国 90% 的人口。两国的文字记录、宗庙里面的财富，不是被毁，就是被运回西班牙。人类历史上，同等武器的格斗自古就有，但这种以先进的武器，大量杀戮无辜的人民，而且毁灭其文化的做法，却是自古罕见的恶毒罪行，而且还号称"奉上帝之命"。

进入欧洲的大量财富，不仅有掳掠来的，还有后续从新大陆矿山开采出来的黄金和白银。从新大陆被掠夺到各地的贵金属，数量大概相当于旧大陆数千年来开发出的总量。西班牙人并没有善用这些财富，只是用来装饰房屋，或者维持奢侈的生活。但是，中欧城市中的工匠却得益于此，迅速地发展出有厚利可图的手工业和作坊工业。一时之间，欧洲出现了所谓"价格革命"的经济现象，物价飞涨，通货膨胀，一般的小农和地主的生活艰难。但是，因为货品的需求增大，商业城市发展出商品制造业。以英国而论，15 世纪后期到 19 世纪上半叶，发生了"圈地运动"❶。贵族和地主

---

❶ 圈地运动　15 世纪末至 19 世纪上半叶英国贵族用暴力大规模剥夺农民土地的过程，这一运动构成英国资本原始积累的基础，仅从 1700—1801 年这一百年间圈地面积即达三百四十九万英亩。

发现耕种农地、生产粮食的利润远不如养羊，将羊毛作为毛织品更为有利可图。当时人称"圈地运动"乃是"羊吃人"，因为农夫的生计被剥夺了。

这些改变，开创了整个欧洲的经济奇迹。大量商品的生产触发了重商主义以及后来的资本主义，也引发了后来的工业革命。资本主义和工业革命乃是欧洲百年来能够不断累积资本，成为世界最富有地区的原因。从此以后，工业生产取代了农业生产，一跃成为主要的生产方式。

假如没有这一大批从美洲掠夺来的财富，单单靠旧大陆稳定的经济状态，就不可能累积这么大的能量，造成影响如此久远的巨大转变。西方学者们讨论西方的经济史和现代发展，很少愿意强调这一点：大批从美洲掠夺来的资金对欧洲发展的影响。但是我们必须还历史一个公道：这一篮从天上"掉"下来的黄金，在世界历史上造成了史无前例的大转变，也造就了白人统治世界的近代史。

英、法共同开发北美，创造惊人的财富

至于英国和法国开发北美，则是另外一种形态。英、法在17世纪初期，都已经开始经营北美洲的殖民地。当时，北美并不像中南美一样有庞大的帝国，而是无边无际

的森林。许多印第安人在此居住，过着渔猎和原始农业的部落生活，草原上的牛群为游猎部落提供了生活资源。这些部落的总人口数我们今天无法知道，估计从三百万人到一千五百万人不定。我们折中而言，假如有一千万人，分布在广大的北美大陆上，其实也算人少地多。

英国开拓者于 1603 年进入弗吉尼亚，开始建设詹姆斯敦港口。而为大家所知的真正的开拓事业，就是 1620 年到达美洲的"五月花"号❶。这批因为寻求宗教自由而远航新大陆的清教徒，在新英格兰地带建立了殖民地普利茅斯。清教徒到达美洲大陆的第一年，带来的所有种子都没有收成。印第安人给他们提供了当地农作物的种子，第二年便丰收了，因此就有了感恩节——感谢上帝赐给他们生机。但美国人欢度佳节时，大多数人忘了，真正给他们生机的是当地友善的印第安人。

今天美国的东北地区新英格兰，弗吉尼亚、马里兰这一带，是英国最初的落脚点。法国对美洲的开发，则是从两端开始，一部分始自今天加拿大的纽芬兰，从纽芬兰向魁

❶ "五月花"号 （Mayflower）英国第一艘载运清教徒移民驶往北美殖民地的船只。1620 年 9 月离英，12 月到达普利茅斯，抵岸时船上有移民一百零二人。在船上，移民订立《五月花号公约》，约定建立公民团体及制定公正、平等的法律、规章等，成为 1691 年前普利茅斯自治政府的统治基础。

1620 年 9 月 16 日，"五月花"号从英国的普利茅斯港起航。船上载着一百四十九位乘客，还有山羊、小鸡、家具、咸牛肉、蔬菜和桶装啤酒。在横渡大西洋的六十五天中，一名乘客和四名船员死亡。他们本想移民新英格兰詹姆斯敦，但最后在新英格兰的科德角（今属美国马萨诸塞）安全上岸，并建立了普利茅斯殖民地。

北克扩展；南部则是从密西西比河河口向北开展。英、法两个殖民帝国在美洲都有落脚地，他们和西班牙人的开发方式不一样：他们从故国运来大量人口，一步一步向内陆拓垦，终于将整个北美转化为白人国家。

英、法在北美大陆上曾经有过长期的战争。法国在战争之中，丧失了今天的美国南部，但是保有今天加拿大的东半边。英国是在今天的匹兹堡击败法国之后，把法国从今天的美国地区驱逐到了加拿大，然后招收欧洲的移民，一步一步，终于占领了北美大陆最精华的地带，并将加拿大的一半也夺为己有。

在这个开发过程中，英国强迫数百万印第安人迁移到穷山恶水的地区，将肥沃的土地让给欧洲移民。另一次大迁移，则是因为在西岸发现了黄金。开采黄金造成了另外一股移民潮，吸引了欧洲的寻金者来到北美。最后，北美开始工业化，许多中欧、南欧、东欧的工人移入北美，直接进入工厂，投入工业化的大发展。

英国人开发北美，将大量人口迁过来，夺来的原属于印第安人的广大土地，吸引了几千万欧洲劳力。在这片肥沃的新大陆上，欧洲人发挥出巨大的生产力，取得的财富其量之大、为时之久，比西班牙人夺得的"第一篮黄金"更为惊人。美洲的逐步开发，不仅减轻了欧洲的人口压力，而且撑起了英、法两大帝国主义的活动。这就是另外一个巨大的历史事件：人类历史上，从来没有过如此大的一片土地，突然被一个族群完全无偿地取得所有权，以此创造了巨大的财富，也在这一基础上发展了新大陆的工业革命。这成为工业革命史上最惊人的一次"成绩"。

新大陆也引发了滔天的罪恶

新大陆的发现，对旧大陆还有另外一个层面的影响。新大陆的食物，如玉米、红薯、马铃薯、南瓜、花生等，分别流入欧洲和亚洲，使得当地本来不能生产作物的土地，都能生产粮食作物。例如，中国在明清以后，那些不能种植水稻和麦类的山地，成为生产玉米和红薯类作物的农田。

这些食物流入旧大陆，增加了旧大陆原有食料的种类和选择，而且扩大了粮食的供应。以中国而言，明清以后，人口剧增，应当感谢玉米和红薯进入中国。同样，在今天的欧洲，马铃薯依然是非常重要的粮食之一。有些地方，如爱尔兰，马铃薯作为主食料，其重要性已经超过了麦类。这说明，新大陆的发现，对旧大陆而言具有无比重大的意义。

新大陆发展的过程中，还有一段非常不人道的历史——非洲人被白人掠卖到美洲作为奴隶。北非（撒哈拉沙漠一带）不全是黑人，那里是混杂的人群；撒哈拉沙漠以南则都是黑人的居住地。他们族类繁多，各种语言、文化的族群分布在如此广大的地带。当时，非洲大陆的人口可能只有几亿人，很多部落居住在非洲的西岸。欧洲人要开发新大陆，自己的劳力不够用，就在通向美洲的大洋航道上，登陆非洲，上岸突袭，掳掠土著黑人，运到美洲去作为奴隶。

这种贩奴的买卖是多国合作经营的。最早是葡萄牙人发起的，然后葡萄牙人买通了沿岸的土著部落，使之前往内陆掳掠黑人，卖给葡萄牙人，运往美洲。在美国的英、法殖民地都有奴隶市场，供欧洲人拍卖掠来的黑人。从 16 世纪开始，贩奴活动延续了约两百年。

究竟有多少黑人被卖到了美洲？最高的数字是两三千万，比较接近史实的数字是一千几百万。但是，到达美洲的黑人人数可能只有被捕的黑人人数的十分之二三，因为很多奴隶在登船前，就已被虐待致死。运奴船从非洲到美洲，船上生活条件极差，绝大多数黑人都在航行途中死亡。在人类历史上，这是第一次出现持续如此长久、规模如此巨大的将人类当作牲口贩卖的行为。

大洋航道的开拓，最终使得新大陆被发现。这一件重大的历史事件，对人类具有重大的影响。它开拓了无限生机，也引发了无数罪行。灭绝人口、贩卖奴隶的罪行，规模巨大，残酷不仁，都是史无前例的。这个时期也是历史

1835 年的版画，描绘的是刚被卖到巴西的非洲黑人在路旁休息

欧洲人要开发新大陆，劳动力不够，就掳掠土著黑人，贩运到美洲做奴隶。

大转变的关键，欧洲的白人种族腾跃成为世界的主导者。中国也曾在大洋贸易之中获得利润，而且美洲开发的白银，也曾经大量流入中国，但中国没有参加灭绝人口、贩卖奴隶的恶行。中国吸收的财富，支付给了内外战争和统治阶层的奢侈生活，没有引发像欧洲一样的资本主义和工业革命。

第八章

西方文明三百年间的巨变

这一章将是中欧对比的最后一章，我选择比较的部分以传统中国的结构为主体，而清朝就是传统中国的最后一个时期。辛亥革命以后，中华民国成立，不论是政治制度或者社会经济结构，都已经走入现代的世界，世界的问题应作整体的讨论，不能够当作欧洲的对照面。1949 年以后，中华人民共和国成立，虽然其政治制度和社会结构与中华民国有着根本的区别，但终究也还是今日世界的一部分，要对比也应当是对比社会主义制度和资本主义制度之间的差别。

掩盖在康乾盛世下的忧患

清朝是中国历史上最不自由的一个朝代。满族人以一个部落的力量在东北兴起，征服了中国。在满族内部，传统部落军事民主制度逐渐被努尔哈赤 ❶ 的独裁代替。 在八旗 ❷ 设立以后，每一旗的旗民都是旗主的奴隶，而所有的八旗都是努尔哈赤和他子孙的奴隶；汉军和包衣 ❸，都是奴隶之下的奴隶；汉人和百姓，甚至还不够资格做奴隶。

　　中国从秦始皇以后，政府和内廷基本上是平行的内外两个单位，政府官员并不是皇帝的私人奴仆。 汉、唐朝廷都坐而论道，大臣们都有座位；宋朝以后，宰相必须站着回话；明朝十分专制，朝廷之上动辄以廷杖惩罚官员——但是，大臣还是坐着和皇帝对话的。 只有在清朝廷上，举朝匐匍跪拜，人人口称"奴才"——这是一个皇权最凌辱官员的时代，更不要说凌辱一般的百姓了。 三百年来，在这种统治气氛之下，一般百姓，甚至士大夫，其自尊心都已经被斫丧殆尽。

---

❶ 努尔哈赤（1559—1626 年）　清太祖，清朝的奠基者。 在统一中国的过程中创建了八旗制度。1618 年起兵反明，后来进攻宁远（今辽宁兴城）时，被袁崇焕击败，受伤，不久病死。 清朝建立后，努尔哈赤被追为太祖。

❷ 八旗　1601 年，努尔哈赤初建黄、白、红、蓝四旗；1615 年，增建镶黄、镶白、镶红、镶蓝四旗，共为八旗。 凡八旗成员统称为"旗人"，享有州县所属"民人"没有的特权。

❸ 包衣　是满语"包衣阿哈"的简称，汉译为"家奴"或"奴才"，为满族贵族所占有，没有人身自由，被迫从事各种家务劳动和生产劳动，由战俘、罪犯、负债破产者及包衣所生的子女等组成。

清太祖爱新觉罗·努尔哈赤统一女真各部，并屡次打败明朝军队。他建立了后金政权，割据辽东，建元天命。天命十一年（1626年）于宁远之战受伤而亡，终年六十八岁。

过去的中国朝代，对于全国的情况都有相当具体的档案资料，作为施政的依据。只有清朝，康熙以后的"盛世"人丁兴旺，"永不加赋"，而且摊丁入亩。平时并不常丈量田亩。田课❶大多由地方官员按照过去的数字摊派，以致人口、田亩、税赋都变成固定的数字，不再反映全国的耕地面积和总的收成。失去了这一项基本的数据，用黄仁宇❷的观点总结，清朝这么庞大的国家是没有实施数目字管理的。

清朝是一个征服王朝，从建州卫的一个小部落开始，疆土扩充到蒙古、西藏和新疆，将传统中国的领域扩大到汉唐都无法与之相比。这个征服王朝不断进行战斗，从入主中原开始，每一代都有大型的战争。天命❸到顺治，基本工作是彻底征服中国。康熙年间，在内部平定了三藩之乱，征服台湾郑氏；然后，又花了很大的力气征服了蒙古的核心部分。康、雍、乾三朝，都不断地在北疆和西北进行大规模的征服战争，终于将整个蒙古、西藏和回部都归入清朝廷的掌握。清帝国成为以满、蒙、藏、回为主体的北部中国和以各行省汉人为主体的南部中国。这是一个两合型的帝

---

❶ 田课　农业税收。

❷ 黄仁宇（1918—2000 年）　生于湖南长沙，历史学家，代表作有《万历十五年》《中国大历史》等。

❸ 天命　清太祖的年号（1616—1626 年）。

国体制，不是一般的中国传统帝国。到了乾隆时代，国力已经不足，其实大小金川、缅甸、越南诸役和平复台湾的林爽文❶起义，都是遮掩失败，夸张武功。乾嘉时代有川楚白莲教❷的教案，道光年间有鸦片战争，咸丰以后太平天国起事，及至清朝末期的光绪和宣统，内忧外患纷至沓来，无有宁日。

之前征服蒙古、西藏和新疆的战争，消耗了中国的实力，也耗光了中国内地的钱粮、八旗的战斗力和明末累积的火器。所谓康、雍、乾盛世，皇帝经常南巡，而且宫廷不断有大规模的宫殿和庭园建筑，已经将中国的财富消耗殆尽。许多军需和宫廷的消费，实际上不是靠捐纳卖官，就是靠勒索商民捐献，实在没办法的时候，就找一批官员，没收他们的财产抵充国用。

---

❶ 林爽文（1756—1788 年）　清代台湾农民起义首领。乾隆五十年（1785 年），他参加天地会，乾隆五十一年秋，官府镇压天地会，他率众起义，被推为大盟主，建年号"顺天"。乾隆五十三年（1788 年）正月被俘，后在台湾被处死，函首燕京（今北京）。

❷ 白莲教　混合有佛教、明教、弥勒教教义等内容的秘密宗教组织。其教义崇尚光明，认为光明定能战胜黑暗。在元、明、清三代，常被农民起义所利用，作为组织斗争的工具。嘉庆元年至十年（1796—1805 年），川楚白莲教发起大规模起义。

八旗子弟作战能力日渐衰弱

清兵入关以后，八旗的作战能力有很大的改变。在关外时，他们是部落兵，王子们是将帅。所有的部落男丁都是战士，旗营的战斗力相当强。入关以后，打了几次内外战争，旗营能征善战的战士们折损不少。更重要的是，八旗男丁出生以后就有粮饷，一辈子由国家养着，在作战时，八旗的精锐先让汉兵冲锋陷阵，打得差不多的时候，旗营才出动。到了这个地步，旗营战士相当于贵族，平时养尊处优，打仗时也不是在前锋冒险，长久以后旗营战斗力当然衰弱了。八旗子弟犹如富贵纨绔，训练也并不严格，两三代以后，到康熙晚年旗营的作战能力已经不足称道了。

清朝的建制军，号为绿营，大部分是继承自明代的卫所制，在各省各地设立提督、总兵等官制，分别率军戍守，有事出动，先从战事附近的提镇发兵，不足时才调动其他地方的绿营。这些绿营将士身份不如旗营，训练和装备也都不足，等于是二等部队。康熙以后的战争，绿营扮演的角色却越来越重要。到了乾嘉时代，几乎所有的重要战争都是由绿营出动的。

绿营既是二等部队，再加上清皇室对于汉人并不信任，所以这些绿营的人手常常不足。一旦有事，命将出师，带兵的军官不得不临时招募添补缺额，正所谓"驱市人为兵"，怎么会有强大的战斗力呢？嘉庆、道光以后，绿营更不如以前。所以，平定川楚教案和太平天国时，有不少乡勇❶担任战斗任务，立了战功，便将他们编入绿营的编制。清代过了一半，实际上已经没有真正可以作战的部队了。湘军、淮军都是以乡勇为名招募的私人部队，国家根本指挥不动。

整体说来，有清一代中国人口从差不多两亿逐渐增加到四亿多；而前文所说的旗营和绿营的编制，总数不过百万余众。这么大的国家，有这么多的人口，只有这么一丁点儿的常备军，而且训练装备都很不足。等到清代晚期，内乱外患纷至沓来，那时的中国根本是一个没有国防的国家。

乾隆好大喜功，前面所说的若干战争，其实都是官军大败，只是皇帝好面子，群臣跟着掩饰，讳败为胜。以武器而论，清军打缅甸、越南，战士手上的火器都还不如这两个东南亚小国的武器先进。打缅甸的时候，清廷完全不知道缅甸正在和暹罗❷作战。后来知道了，又想拉拢暹罗打缅甸，可是那时候暹罗已经被缅甸灭了！这一昧于世界形势

---

❶ **乡勇** 清代临时招募的地方武装辅助部队，随军战守，各自成营，称"勇营"。

❷ **暹罗** 即暹罗国，是中国史籍上对古泰国的称呼。

的状况，在英国马嘎尔尼❶使团访华时，已经表现为自大和狂妄，不知道欧洲已经有一批新的强国兴起，它们的火器和工业都不是中国能够对抗的。在对缅、对越两次战役以后，有人建议朝廷要注意更新手上的热兵器。乾隆却认为，八旗以骑射为本，不应当借用火器，这样会丧失八旗勇武的传统。从乾隆以后，一直到鸦片战争和八国联军入侵，中国军队的武装还是以传统的冷兵器为主，火器的配备甚至还赶不上入关前后清军自己掌握的火器部队。

文化禁锢使清朝学风僵化

清廷延续明朝的科举制度，也接下明朝留下的传统。科举制度以八股取士，只考"四书"，而且"四书"的解释以朱熹注为主体。于是，年年考试选上的都是只会写"时文"❷的书生，对于政务他们很少真正有所体会。明朝晚年，一方面有王阳明学派讨论心性问题，对儒家思想提出新的解释；另一方面有黄宗羲、顾炎武这些人，提出对于传统制度的检

---

❶ 马嘎尔尼（George Macartney，1737—1806 年）　英国外交官。1793年，他奉英政府之命，以庆祝乾隆帝八十寿辰为名前来中国，要求缔约通商，遭到清政府拒绝，仅带回乾隆帝致英王书。

❷ 时文　即时下流行的文体，是旧时对当时科举考试所采用文体的通称。例如，唐宋时用以称律赋，而在明清时用以称八股文。

讨。 明末清初，儒生痛心于国家丧亡，上述那些学者的检讨
则更加细密。 在第七章我们已经论及，这里不再重复。

清政府从一开始就对中国儒生批判时政十分戒备。 他
们一方面罗致人才，以高官厚禄收买人心；另一方面又大兴
文字狱❶，压制汉人的民族主义。 于是，一切检讨政治制度
或者对当时事务的议论，都不是皇室所愿见的。 吕留良❷、
金圣叹❸等人的案件，都是杀头的罪名。 在压力之下，虽然
还有些人不求仕进，仍旧致力于经世济时的讨论，但大多数
的儒生都慢慢退缩到安全地带，有的从事于经学的研究，有
的专心做八股文章，以求在科举仕途上猎取功名。 所以在
清代早期，儒生谈论经世致用之学的，也不过就是颜元❹、

---

❶ 文字狱　即旧时统治者往往故意从文人的作品中摘取字句，罗织罪
名，以镇压知识分子的行为。 明太祖和清康熙、雍正、乾隆三帝大兴
文字狱，刑罚残酷，株连众多。

❷ 吕留良（1629—1683 年）　明清之际的思想家。 后剪发为僧，卒前
作《祈死诗》六篇。 雍正时，一个叫曾静的秀才读了他的遗著，反对
清朝统治。 因此，吕留良竟被剖棺戮尸，著述尽遭焚毁。

❸ 金圣叹（1608—1661 年）　明末清初文学批评家。 喜好批书，批语
中颇有独到之见。 入清后，因"哭庙案"被杀。

❹ 颜元（1635—1704 年）　他提倡恢复"周孔正学"，强调"习
行""习动"，反对读死书的学风。 他曾说："读书愈多，愈惑，审事
机愈无识，办经济愈无力。"

李塨❶数人而已。到了清朝末期，国势日衰，才有常州学派（如刘逢禄❷、龚自珍❸）兴起，重视经世之学。其后才有以"今文学派"❹的名义借古说今的，如康有为的《大同书》等。当然，清朝晚年的洋务和维新之学大兴，终于将中国带入近代的世界。

清朝的儒学，却是以考证为主，对于古代的典籍有非常细密的考据之学，而在义理、辞章和德行方面相对不足。汉学❺

---

❶ 李塨（1659—1733 年）　年少时学于颜元，与颜元同创颜李学派。他注重实际知识，认为"纸上之阅历多，则世事之阅历少"，倡导亲身习行践履。

❷ 刘逢禄（1776—1829 年）　清经学家，常州学派的奠基人，字申受，江苏常州人。他在《左氏春秋考证》一书中，排斥《左传》，攻击古文经学派的开创者刘歆，对康有为的《新学伪经考》有影响。

❸ 龚自珍（1792—1841 年）　清末思想家、文学家，字璱人，浙江仁和（今浙江杭州）人。他主张道、学、治三者不可分割，开知识界"慷慨论天下事"之风。他提倡"更法"，批评清王朝的腐朽，洋溢爱国热情，对后来思想界有相当大的影响。

❹ 今文学派　经学中研究今文经籍的一个流派。今文经，指汉代学者所传述的儒家经典，用当时通行的文字（隶书）记录。清代中叶，今文经学复兴。其对西汉封建制度的巩固起过作用，也曾在清代成为资产阶级改良主义变法主张的重要理论依据。

❺ 汉学　清代专力于训诂、辨伪的乾嘉学派，与"宋学"相对。其推崇汉儒的朴实学风，反对宋儒的空谈义理，继承和发展汉儒的训诂方法，对整理古籍有不少贡献，但也形成了一种为考据而考据的学风。

代替宋学❶传统之说，正如东汉的经学以章句训诂代替了西汉董仲舒以来的玄学讨论。西汉学风，一方面尝试建构巨大的宇宙系统，另一方面在这一系统上尝试发展理论，针对现实的不足，设想大同❷、小康❸的理想世界。

清朝称为"汉学"的考证之学，表面上看来犹如东汉之学风，对于经学本身要寻找纯粹的原典，实际上则可以说是以烦琐学风代替了做学问的目的。汉学、宋学之论，其实不外以儒家经学为范畴，儒生们自我设限，以扶掖圣学为学问的全部。他们的追求，是在一个传统文化的结构中做细致的研究工作，做得再好，也只是肯定传统，而不是寻找新的境界。

---

❶ 宋学　主要指宋代（也包括元明）的理学派别，同"汉学"相对。其注重"性命义理"之学，派别甚多，重要的有朱熹的理学派，陆象山、王阳明的心学派，叶适的永嘉学派，陈亮的永康学派，吕祖谦的金华学派等。

❷ 大同　儒家的理想社会。在这个社会里，"老有所终，壮有所用，幼有所长，鳏寡孤独废疾者皆有所养"，是谓"大同"。这种思想对后来进步思想家、社会改革家有一定的启发。

❸ 小康　儒家学说中比"大同"理想较低级的社会。《礼记·礼运》指出它和"大同"社会的根本区别是"今大道既隐，天下为家。各亲其亲，各子其子，货力为己"等。

闭关锁国造成清朝的经济衰退和国防空虚

有清一代的中国，在经济方面一直没有突破数千年来农业经济的格局，虽然 15 世纪以后，新大陆的发现、新航道的开拓，都对中国的经济有很大的裨益。中国外销的商品，以丝绸、瓷器为主，曾经为中国带来大量的新财富，但是这些财富并没有累积成为资本主义发展所需要的资金。

清代中国有相当程度的城市化，尤其在南方，市镇的发达和商业的开展，都是新航道、新大陆带来的机运。不过中国其实从来没真正出现所谓"资本主义的萌芽"，更没有出现工业革命的契机。等到西方资本主义国家以新获得的殖民地资源转变它们的经济结构，世界产销供应的大格局也有了改变。中国的商品瓷器，西方已经可以自己生产；中国的丝绸，也有很好的毛织品作为代替。于是，中国外销经济的优势完全丧失。到清朝乾嘉以后，已经从出超逐渐转向入超。尤其是鸦片贸易，将所有的外销收入全部抵消。当然，整个清代晚期，西方工业革命已经走向坦途。工业生产的商品，如纺织品和现代的器物，廉价地输入中国，中国过去的一切外贸优势荡然无存。

这样的一个朝代，延续了三百年，对于外面的世界懵懵懂懂；对于内部，主子与奴才之间的关系，抹杀了所有有骨气之人的气节和志向。清廷的制度，延续中国传统政治结构的部分，大量地被宫廷政治的陋习糟蹋，丧失了结构上的节制和平衡，也不再有随时收集治国信息的机制。这样的朝代，居然可以存活三百年，也是一个可悲的奇迹。

乾隆晚年，马嘎尔尼使团来华时，因为和珅的阻挡，他们许久没有得到觐见皇帝的机会，后来又延长了他们在华停留的时间。这一个英国使团，包含了许多测量和调查人员，实际上是一个国情调查团。他们回去以后，向英国政府报告：这么庞大的清帝国，实际上组织非常松弛，几乎没有国防，军队的装备只配称为仪仗队，而不是作战队伍。

到鸦片战争时，当年随团来华的一个儿童，已经是英国国会的议员了。此人坚决主张英国应当对中国强硬，因为中国是没有国防的国家，而且中国的宫廷和官员，对世界上发生的事情完全懵懂无知。乾隆皇帝回答英国马嘎尔尼使节团的通商要求，只是自大地拒绝，说中国什么都不缺，何必要在乎你们远方小国的买卖。英国人对清朝的评价，也使得后来西方列强纷纷想要分得中国一杯羹。中国没有被瓜分灭亡，也是因为群雄争夺，谁也无法独吞，才有美国主张的门户开放政策，视中国为所有国家的共同殖民地。所以孙中山先生才说，中国是"次殖民地"，是人人都想分切一块的俎上肉。

马嘎尔尼随团画师威廉·亚历山大根据描述绘制的英使觐见皇帝场面

1793 年，以马嘎尔尼为首的庞大英国使团终于在热河行宫觐见了乾隆皇帝，图中英使马嘎尔尼和他的侍童都是单膝下跪呈送国书和接受皇帝赠品，而不是行三跪九叩之礼。这是历史上著名的礼仪之争。

清末的救亡图存运动

到了清末，既有太平天国之乱，又有义和团运动，这两次老百姓的"起事"，都是在国家面临危亡之际。他们提出一些自己的理想，希望用"民间的力量"改变中国的困局。可是，无论是太平天国还是义和团，他们提出的诉求都不可能真正改变中国的困局。

康有为的《大同书》，确实依据中国文化中的理想国，规划了一个大同之世，其内容和西方的空想社会主义❶有相当雷同之处。可是，这一思想的根源，还是从中国传统中引申出来的。

中兴名臣曾国藩、李鸿章、张之洞等人，着实努力进行的洋务运动，则是从器物上学习西方——这三人都没有提过，要从中国文化本身进行彻底的改造。一方面，不少人，包括康有为、梁启超，努力推动君主立宪的改革；另一方面，孙中山等人提倡现代的革命。1911 年 10 月 10 日，武昌革命那一声枪声，断送了两千年的帝制，终于将中国带出了传统，带进了现代的世界。

---

❶ 空想社会主义 （Utopian Socialism）亦称"乌托邦社会主义"，是一种不具现实性的改造人类社会的社会主义思想。其主要代表者为法国的圣西门、傅立叶和英国的欧文。

湖北兵工厂照片，后改名为汉阳兵工厂

洋务运动标榜求强致富，兴办军事工业，并围绕军事工业开办其他企业。1890年，清湖广总督张之洞筹办了汉阳兵工厂，制造各种枪炮，是清政府兴办的重要的近代军事工厂之一。

这一部分力量，推动者几乎都是在国外留过学的，或者对外务有相当清楚理解的学者；而推广这一思想的地区，则是对外贸易的商埠。这一个经济上的新生事物，才是中国现代转变酝酿的温床。前面曾经说过，奥斯曼帝国被西方帝国主义瓦解了，而中国居然能够逃过被瓜分和覆灭的危机，确实是一个历史上的奇迹。追究其中原因，奥斯曼这个大帝国和中国的情形颇有差别：中国有一批以天下为己任的儒家士大夫，这些人中，出现了清朝末期的文化精英和学术精英，他们共同努力，在国家危亡时刻，支持东南督抚以东南自保的名义，保住了中国不受八国联军瓜分；在学术上，这些人和其后代锲而不舍，努力引进现代世界的思想和制度，并且设法将中国从传统转变为现代。反过来说，奥斯曼帝国是以教士作为文化的传承者的，而不是学者。清朝三百年来，对中国儒生气节和志业的扼杀没有成功，还是这些学者士大夫，以文化的力量挽救中国于灭亡，也推动中国一步步走向现代。这工作还没完成，前面还有很长的路要走。

宗教革命后欧洲民族国家的兴起

相对于封闭而散漫的清帝国，欧洲的发展在17世纪以后却走了完全不同的方向。前面两个世纪，宗教革命和启蒙时代的开始，为欧洲发展打下了重要的基础。

　　经过宗教革命，欧洲的政治制度摆脱了天主教会神权的约束。神圣罗马帝国内部瓦解，许多新的国家出现，而且呈现完全不一样的国家体制。许多本来在神圣罗马帝国之下的部落和族群，开始组织自己的国家。新教给了他们脱离教会秩序的理由——在上帝面前所有的族群都应当平等，也给予民族国家自己存在的信心。《威斯特伐利亚和约》终结了三十年的战争，欧洲的国际舞台不再由一些建立在封建基础上的大国操纵，当然更谈不到这些大国凌驾于许多族群以上的霸权。

　　为了建立自己的民族认同和归属感，这些族群纷纷从语言、考古、传说、神话和档案之中，寻找自己的过去，重建自己的历史。于是，欧洲出现了多国体制，和过去神权保障下的公教秩序以及神圣罗马帝国的霸权体制完全不同。这种民族国家的列国状态，乃是西方历史上的新现象。三百年来，这种国家体制成为大家视为平常的主要政体。也是在这种背景下，历史学的内容和过去截然不同，贵族的谱系不再属于历史的核心，而是以民族文化及其发展过程作为新历史的研究课题。

　　以民族为认同的国家，在 17 世纪时，大半只是欧洲的一些比较小的封建政权转换而成的。建立民族国家，最引人注目的个例则是后来的德国。那时的普鲁士，不过是许多日耳曼族群政权之一。日耳曼集团以对日耳曼精神的归属作号召，将各处分散的封建政权集合于一个国家之下，普鲁士俨然成为中欧最主要的力量。日耳曼精神从那时开始，就是德国立国的依据，也因此而出现了一个欧洲历史上最坚强的共同体。

共同体主权国家的新体制

在清兵入关的同时，英国的议会和国王之间在国王征税的权力问题上，发生了严重的冲突。议会民军在克伦威尔❶领导下，击败了皇家军队，而且以议会审判，判决将国王查理一世❷送上断头台。克伦威尔以"护国主"的名义挟议会之力，专政数十年。这是欧洲历史上，第一次以人民的权力废除君主的权力。

英国的这次革命，开启了新的国家体制。虽然英王政

---

❶ 克伦威尔（Oliver Cromwell, 1599—1658年）英国资产阶级革命时期独立派领袖。1649年，在民众压力下他处死国王查理一世，成立共和国；1653年，解散长期国会，建立军事独裁统治，自任"护国主"。
❷ 查理一世（Charles I, 1600—1649年）英国国王（1625—1649年在位）。他压迫清教徒，对抗国会，打击新兴工商业，引起英国资产阶级革命。他于1642年、1648年两次挑起内战，均战败，1649年1月被处死。

后人绘制查理一世受刑时的场景

查理一世干扰英格兰和苏格兰的教会的活动，未征得国会同意就任意收税。他的很多臣民都反对他的行为，认为他是一个残暴的独裁者。1649 年 1 月 30 日，在英国伦敦白厅，他以叛国罪被处死，君主体制随即土崩瓦解。

权又曾经复辟，但英国的主权最终归属人民选举的议会，从议会产生政权，也就是后世所谓"虚君"的内阁制。英国的前例，日后经过更为明显的人民革命，推动建立了美国和法国两个新型的民主国家。

17世纪以来出现的新国家，基本上可以分成两类，无论是君主立宪的国家，还是经过革命建立的民主政权，都认为国家是一个共同体，即使是君主制国家，君主也不能超越国家的观念。民族国家的观念，正是反映了共同体不可分割的性质，即使我们知道，所谓民族本身的亲缘关系，往往也不过是虚设的联结。

在走向国家共同体的过程中，启蒙时代对于国家性质的界定，可以《民约论》❶为代表——国家与人民之间，是委托的契约关系。这种理论，当然成为民主革命的要件。英国送了一个国王上断头台；法国和后来的俄国，两次大革命，两个统治的家族全部"牺牲"；美洲新大陆，出现了一个崭新的实验——美利坚合众国，一个完全由人民平地起楼台，组织而成的新的国家。

这些新国家的出现，改变了人民与政府的关系。因此

---

❶《民约论》《社会契约论》的旧译名，法国人卢梭著。书中论述了社会公约、主权、政府和政治等问题，被称为欧洲资产阶级革命的"福音书"，为法国资产阶级革命提供了思想武器。

国家权力的运作，也不能再以过去封建体制中君臣主从的关系来界定。马基雅维利❶的《君主论》是西方历史上第一次出现关于国家治理的理论。相对于中国的《韩非子》,《君主论》的出现晚了两千年。两者都是讨论政府的组织、政权的运作，也多少涉及统治者本身的权术。两者之所以如此相似，正是因为它们所处的环境都是"国家"要出现的时候。不过，中国战国时代的"主权国家"很快就被皇权取代了，而欧洲新出现的主权国家，却成为最近四百年来普遍的国家形式。

一个作为共同体的主权国家，从上到下，如臂之使手，手之使指，其动员国家资源的力量十分强大。而国家获得的利益，在国民心目当中，不仅是君主本身的所得，而且是全民共同分享的好处。17 世纪以后，新兴国家不断出现也正是最近数百年来国际竞争越来越激烈的缘故。近世欧洲，各国之间战争不断，究其原因，也正是国家成为争夺集体利益的主体。

---

❶ 马基雅维利（Machiavelli，1469—1527 年）意大利政治思想家、历史学家。他主张结束意大利的分裂，建立统一而强大的君主国。在其著作《君主论》中，他提出君主为达到目的，可不择手段。

新兴的消费需求孕育出资本主义萌芽

在经济方面，新航道的开辟和新大陆的发现，已如上章所说，为欧洲带来了巨大的财富。17 世纪以来，欧洲列强抢着攫夺世界各处的资源。大批从欧洲外移的移民，直接在各处殖民地开辟农地，开发矿产；殖民的人口本身，也成为欧洲生产物品的市场。世界各处的资源，转化为欧洲日常生活的资料，也成为新的财富来源。

以衣着为例，欧洲人的传统服装是皮毛和麻织品，东方的丝绸是富贵人家才能使用的奢侈品。17 世纪以后，欧洲的毛纺织品和因为引进棉花而出现的棉布以及相关的纺织品，增加了欧洲人的消费项目。

在经济作物方面，欧洲人也因为新的需求而忽然多了许多消费项目。除了传统的各种香料，又增加了橡胶、樟脑、茶叶、咖啡、可可、蔗糖、烟叶、大麻，甚至鸦片——这些都是新的消费项目。过去欧洲人日常生活的要求其实有限，增加了上面这些奢侈品以后，欧洲人的生活较过去远为多姿多彩。

他们的消费力量和新兴商品的需求互为因果，将殖民地的生产能力和国际贸易结合为一。印度洋上、非洲沿岸、太平洋各岛屿和美洲各处，欧洲的资本投入当地大规模的农业生产，使用廉价甚至无偿的奴工，在恶劣的气候下，生产那些欧洲需要的消费品,又经过欧洲商人的船运,将这些本来价值不高的商品运到欧洲,以高价出售。这一进一出,就使欧洲列强的工商业都能获得巨大的利润。

当然,欧洲本身许多的产业,也因为消费者众多,促使市场扩大。以羊毛而论,过去小农家庭将自己畜养的羊剪毛纺织,送到市集换得薄利。在资本主义新的体制下,投资者发现畜养大批羊只,再以专业手工剪毛纺织,本轻利重。这种所谓"羊吃人"的新兴畜养业,夺取了农家的土地,转化为牟利的专业农场。这不仅是殖民地的制度带来的新财富,而且是资本主义带来的新生产方式。当然,像澳洲和新西兰的开拓,更是在"羊吃人"的地步更进一层,夺取了殖民地原住民的土地,转化成大批羊群的畜养场。

新兴科学技术的飞速发展

欧洲启蒙时代,许多学者开拓了现代科学的基础。同时,也有许多技工借用新知识,发明了工业生产工具——蒸汽机的发明就是最重要的例证之一。历史上,总以为瓦特❶

---

❶ 瓦特(James Watt,1736—1819年) 英国发明家。他对当时已出现的原始蒸汽机做了一系列的重大改进和发明,提高了蒸汽机的热效率和工作的可靠性,大大提高了当时社会的生产力。

是蒸汽机的发明者，其实与他同时，已经出现了好几种不同模式的蒸汽机，瓦特只是做了最好的改良。瓦特设计的机器，后来转用于矿场的运输、工厂的动力和交通。有了蒸汽机，不必使用马匹拉动，一台车头就可以成为在矿场、农庄以及运送商品各个方面最方便而廉价的工具。与蒸汽机的发明互为表里的是陆地上的火车、铁路以及海上的大型铁壳蒸汽船。这些新兴的工具，最基本的原料是钢铁和其他的金属，最需要的能源，最初是煤，后来还加上水力发动的电力。热动能的出现，彻底改变了自古以来人力与畜力为主的动力模式。

这些新的工业资源本身，既代表了无穷的财富，也代表了国家之间努力争夺的项目。工业革命正是上述重商主义的"姊妹"。在工业本身成为新的社会动力之后，工业生产品因为量多又价廉，市场、原料和能源无不成为工业国家掠取重大利润的工具。相对而言，无论是欧洲本身的作坊工业，还是世界各处的农舍生产业，都无法继续存在于工业化以后的资本主义下。这个工业革命以后产生的掠夺力量，使欧洲的霸权处处横行，无人能撄其锋芒。

在欧洲列强争夺资源和市场时，国与国之间的斗争也非常激烈。战争的武器随着机器的发明，一天比一天更具有破坏性和杀伤力。火力越来越强大的枪炮代替了冷兵器，机动的战车和坦克车代替了马队。海上战舰的吨位、速度

19 世纪以瓦特的蒸汽机为动力的机械

瓦特不是蒸汽机的发明者，他实际上是对当时已出现的原始蒸汽机做了一系列的重大改进，使蒸汽机成为工业上可用的发动机，并由此得到了广泛的应用。

和火力，都与日俱增。战争不再是个别战士之间的决斗，而是依靠大量资源和组织一决胜负。到了 20 世纪，飞机不仅作为交通工具，也是空中作战的武器，战争更是成为立体的斗争，前方和后方也不再有明确的界线。17 世纪以后，三百年来人类自相残杀的能力，正是随着资本主义的市场竞争，国家作为集体终极组织，以及各种工具的发展同步增长的。对人类而言，这一发展方向，究竟是福是祸，今天我们其实很难断言。

在科学发展的领域，人类对自己和对周围的环境有了清晰的认识。

在对于宇宙的了解方面，哥白尼和伽利略，对于宇宙的结构，提出了以太阳为中心的理论。从那以后，我们对于大宇宙的情形才知道得更多，我们方才理解，地球只是宇宙许多天体中的一个，甚至太阳系也不过是许多星系中的一个。地球上人类的出现，在茫茫宇宙中渺小而又短暂，实在没有什么值得骄傲之处。

在物理方面，牛顿动力学奠定了各种力学的基础：万有引力是宇宙所有物体之间彼此维系的本质；质和能的互换，是现代物理学和化学的基本观念。一直到 20 世纪初，爱因斯坦的相对论和因此引发的量子力学，更使得物理、数学和化学这几个不同的学科，彼此成为理论和实证的工具。

在生物学方面，人类对人体和动植物的内部结构，从认识血液和解剖学，一步一步进到理解细胞和遗传因素。生物学对人类自己和对其他生物的了解，改变了"人类为一切的主人"的观念。当然，达尔文的进化论，衍生出许多对于遗传和变化的解释，"物竞天择"成为今天对生物体和环境之间互动关系提出的最有说服力的理论。我们不能不提到，在达尔文的进化论的基础上，发展了"社会进化论"。许多西方国家的侵略行为和资本主义市场经济弱肉强食的现象，都以"社会进化论"作为理所当然的遁词。

如何解决社会进步伴生的矛盾将是长期的难题

新型的市场经济，确实以其强大的动力，促进了人类的生产能力发展，也大幅地提高了一般人的生活标准。可是，如此的生产制度，必定引发贫富之间极大的不公平，其差距甚至比过去贵族与贫民之间的差距更为巨大。亚当·斯密❶在其著作《国富论》中指出，以国家为主体的经济可以迅速发展，但是不能避免国民之间财富分配的严重差

---

❶ 亚当·斯密（Adam Smith，1723—1790 年）　英国古典政治经济学体系的建立者。他于 1766 年发表其代表作《国富论》，从人类利己心出发，以经济自由为中心思想、以国民财富为研究对象，第一次系统地论述了政治经济学的主要内容。

距。于是，在 19 世纪，资本主义处在迈向高峰的阶段，有不少人提出了严重的质疑：人类是不是以大部分人的辛苦劳力，只成全了一小部分人的富贵荣华？于是，社会主义者出现了。他们主张人间应该有一个公平的社会，人类发展的生产力应该足够使每个人都能够存活、都有尊严。韦伯夫妇❶、圣西门❷、欧文❸等人，都曾经提出过不同的建议，主张在人间实现这个理想的境界。他们为了实践理想，曾经建立了一些小区。欧文的实验小区就在距匹兹堡不远的印第安纳州。但是几乎没有一个这样的实验小区能够真正长期维持而不变质。

另一方面，马克思、恩格斯提出了革命社会主义，他

---

❶ 韦伯夫妇 即悉尼·韦伯（Sidney Webb, 1859—1947 年）和比阿特丽丝·波特·韦伯（Beatrice Potter Webb, 1858—1943 年）夫妇，英国社会活动家、英国工联主义和费边社会主义理论家。他们也是知识渊博的学者，著有《英国工会运动史》《产业民主》等。

❷ 圣西门（Saint-Simon, 1760—1825 年） 法国空想社会主义者。他自 1802 年起专事著述，宣传社会主义，认为历史是一个统一的、进步的、有规律的发展过程。圣西门不主张消灭私有制，主张由知识分子和企业家来领导社会改造运动，通过宣传、教育等方式建立理想化社会。

❸ 欧文（Robert Owen, 1771—1858 年） 英国空想社会主义者。他在工人中组织生产合作社与工会，是合作社运动的创始人。他主张消灭私有制，建立公有制，但不主张工人进行政治斗争，把希望寄托在仁慈的统治者身上，以为靠知识的传播就可消除社会矛盾。

们主张以斗争的方式，使劳工获得劳动的成果，不让资本家掠夺劳动大众的血汗所得。社会主义理想的出现，使得本来只是民族国家、民主国家的分野，又多了一种社会主义革命产生的国家。第一次世界大战，是欧洲列强为了争夺资源和市场，终于爆发的决战。列强之间的矛盾并没有因为战争结束而消解，而在国家体制方面，却又多了一个社会主义国家——列宁组织的苏联。

第一次世界大战后，美国的威尔逊❶总统提出"国际联盟"的观念，以其作为世界各国的共同组织，希望一切国际间的矛盾和问题都可以在"国联"的架构下，经过国际公法的观念得到和平、合理的解决。但是，"国联"终究沦落为大国霸权的操纵工具。

一方面，战后，世界经济经历了严重的大萧条。在美国和英国，有许多人提倡经过议会的立法，解决贫富不均的难题，至少有社会福利保障穷人的基本生活。英国费边社❷

---

❶ 威尔逊（Thomas Wood-row Wilson, 1856—1924年） 他于1913—1921年任美国总统，并在总统任期内促成美国参加第一次世界大战。他倡议建立国际联盟，不过其战后外交政策因国会的反对而失败。

❷ 费边社（Fabian Society）一个由资产阶级知识分子组成的英国社会主义团体，其思想理论体系起源于19世纪末。费边社的传统重在务实的社会建设，倡导建立互助互爱的社会服务，主张通过渐进而温和的改良主义方式来走向社会主义。它对英国社会主义运动有重大影响。

的理念，终于在国会中，经过两党政治，使英国逐步成为福利国家。美国罗斯福总统时代的新政，也是为了在议会政治的民主体制下，不经过暴力革命实现福利国家的理想。另一方面，第一次世界大战后的德国和意大利，虽然也想实现某种程度的社会理想，却沦落为强人专政的独裁体制。

欧洲为主体的近代世界，在 17 世纪以来的三百年间，有了非常迅速而巨大的改变。这些改变创造了现代的文明，也引发了现代文明共生的许多问题。相对于清朝统治下中国将近三百年的闭关和停滞，西方国家却创造了现代文明，中国就远远地落在后面了。

从辛亥革命废除帝制到今天，中国百年蹒跚，走了许多冤枉路：孙中山的"三民主义"，原以为可以使建立现代国家体制的任务在民族、民权、民生三个方面同时得到解决，但这一思想存在不可避免的时代局限性。俟河之清，竟在何时？言念及此，无限感慨。

第九章

结论

在前面八章里，我们比较了中国和欧洲发展的形态。在本章，我们作一个结论，找出几个重要的转折点，以及这些转变影响到后世的原因。

地理环境的差异对中、欧古代文明的影响

在新石器时代，中国的新石器文化已经很稳定地走向以农业为主的聚落文化，而且，这些新石器文化的系统都在逐步扩张的过程中，吸收了其他邻近系统的特色。新石器文化发展的过程，其实就是中国在融合与渗透之中，将一个又一个系统融合为以中国地区为特色的庞大系统。当然，南北之间由于气候和地形的差异，还是会有一些差别。只是，早在新石器时代，在这整片中国的大地上，从南到北，

从东到西，每一个方向的差异，都呈现出逐步的变化。邻近文化系统之间的差异，常常不易被察觉。

相对而言，欧洲的新石器时代，显然首先受到中东地区文化的影响。在那文化摇篮地区发生的事情，一拨儿一拨儿，陆续向欧洲扩散。于是，欧洲新石器时代的面貌，受一拨儿一拨儿外来的影响，凌驾于前一拨儿文化之上，随着时代不断变化，造成了平面的差异。

距今四千年左右，在欧亚大陆的衔接处，人类驯服了马匹，既作为运输的动力，也作为作战的工具。这一地区的气候变化，引发了人类不断向其他地区移动的浪潮。数千年来，从欧亚大陆连接处向西扩张、进入欧洲的人群，又强化了前面所说平面差异的现象。这种外来族群对欧洲文化的影响，到了历史时代则更为强化。所谓蛮族入侵，乃是欧洲历史上时时出现的变量。

从欧洲大陆的地形来看，中央有一大片山地，加上它的余脉以及海洋——北海、波罗的海、大西洋和地中海，也包括内陆的黑海，都使得欧洲的气候与地理条件有许多区域性的差异。这些区域性的差异，使得外来族群在各地落户生根时，不仅能保留原来的特色，而且和邻近地区的文化都会有相当大的不同。于是，欧洲大陆从本土到地中海外围，很难形成像中国这样同构性很高的庞大而复杂的文化系统。

青铜时代中国的"统一"与西方的"多样"

到了青铜时代，也就是中国夏、商、周三代的时期，草原上的牧人和他们带来的战车和马匹，对中国内部的结构产生了长远的影响。夏代是个传说的时代，我们目前没有足够的史料，对这个时代的历史作细节的讨论。不过，可知的是，这是一个部落聚合的时期，新石器时代的许多聚落群，在这个时代逐渐会合为类似国家组织的大型共同体。其中，为了促成如此变化，一定程度的武力可能在所难免。

商代考古学提供了相当丰富的历史资料。至少我们看见，伴随着商代几百年发展的是逐渐走向强大的王权，而且，商朝的疆域也随着时代一圈一圈地往外扩张。商代卜辞数据呈现了所谓"征人方"的大动作，显然是商人以强大的武力在商国东方巡行示威，将各地的"诸侯"收纳为商国的属民。这种军事行动，参与的人数众多，若没有大批车辆和马匹，将很难进行。在北方，沿着草原和农地之间的过渡地带，不断有军事行动，抵抗北方族群的扩张。那时候战争的规模已经达到上万人。

到了周代，周人本身可能就是借力于草原上的马匹和比较锋利的武器，占了战争的上风。根据铜器铭文的记载，西周中期和北方族群的冲突，规模是数千辆战车的奔驰和撞击，伤亡和掳获的数字都是很庞大的。虽然中国也受到了马匹和战车以及因此带来的青铜时代文化的巨大影响，然而，中国终究是一个农耕地区。而且，北方中国的整片土地无法割裂。于是，中国的发展，还是从边陲整合于核心，并不呈现欧洲区域内的地区性差别。

商代文化的高度发展，包括文字系统、组织力量和工艺水平，都足够使商文化成为中国文化的主流，对各地地方性的文化发挥出相当程度的同化力量。周代的封建制度，基本上是以贵族间的婚姻和合作，借着祖先崇拜和"天命"的观念，编织出的一个统治阶层的庞大网络。这个过程持续进行了数百年，终于形成了周代中国上层文化同构性。所谓"天下"，并不是真正的"普天之下"，只是不同封国内城邑的居民，还真是认同于同一个文化大系统。

相对而言，虽然希腊霸权已经不在了，但欧洲的"泛希腊文化"也凌驾于各地的城市，造成了相当程度的同构性。不过，"泛希腊文化"的天下，随着亚历山大帝国的崩溃而瓦解，并没有机会继续加强这一个大地区的政治统一。而中国虽然有过春秋战国的列国形态，但由于中国文化同构性，中国自然而然会走向秦汉大一统的帝国。

西周的封建网络，经过春秋战国，逐渐转变成列国体制。到了战国时代，那一个个国家的组织形态，已经非常接近欧洲近代史上的主权国家。中国在这个阶段的发展和欧洲类似形态的出现，有将近两千年的时间差。中国的列国体制，最后终于发展为秦汉帝国。我们必须注意，到战国时代，虽然列国纷争，隐隐中却有一个"天下定于一"的观念，标示着中国地区会走向大一统的天下国家的发展方向。

相对而言，欧洲也有过统一的罗马时代。不过，罗马帝国容许各地区的个别文化特色存在，它只是用武力凌驾于各地的霸主。欧洲真正的文化统一，还有待于基督教成立的公教秩序出现。这一公教秩序，使教权代替了帝国的皇权，也因此保存了欧洲族群林立的封建制度。因此，在宗教改革以后，公教秩序崩溃，那些封君才得以各自发展出他们的主权国家。

欧洲内部长期的族群林立，保留了欧洲文化的多样性，不至于像中国一样，形成一个过度同构的单一文化。中国的模式，可能相对减轻了内部的冲突，老百姓一般会有比较长期的和平日子。但是，同构性过高的社会，缺少许多可能的选择，面临变局时，缺乏弹性的调节。欧洲内部的多姿多彩，使得欧洲的历史发展出类似"隔舱"的保护功能。在有内外挑战的时候，各种异质性的特色，使他们可以从许多选项中找出恰当的应对方式。

秦汉帝国相较罗马帝国更具统一性和融合功能

秦汉大帝国数百年内，不断向四周尤其是南方扩张。在西方和北方，这些扩张引起了许多武装冲突。面向东方和南方的扩张，则是通过移民和贸易，将经济和文化的网络深入河流的谷地和山地，逐渐将核心的影响力扩散到边陲。中国据有东亚庞大的一块陆地，在中国北部的各地区之间，没有难以跨越的自然障碍。从中原到西南、东南和南方，只要有道路，陆地的交通就无法切断。

这个特色是欧洲的扩张所缺乏的。在罗马帝国时代，欧洲的核心在意大利半岛，只有向北走是陆路的交通，其他几个方向都有海路之便。港口之间，一帆所至，无所隔离。可是，海道的特点在于没有永久存在的联系，一个港口和另外一个港口之间，一旦没有船只来往，彼此的联系也就不存在了。所以，罗马帝国对各处领土的掌握，必须要仰赖军队的戍守。罗马兵团四处征伐，得胜后，这一支军队就可能长期外驻。罗马兵团一批一批地出征，对于核心地带而言，人口不断地被掏空。因此，罗马帝国必须不断容纳外来的"蛮族"，以填补人口的不足。东罗马富庶，可是一旦西罗马有了问题，东罗马并不会回头救援。东罗马存在的时间超过西罗马将近千年，并不是罗马文化的延续，而是波斯以下、东地中海地区文化的"借尸还魂"。将秦汉大帝国和罗马大帝国相比，罗马帝国缺乏统一性和融合功能。欧洲历史始终缺少一个作为统一基础的共同体。

对外而言，中国历代王朝都占据了核心地区，其庞大的农业经济，足以蓄积人力、物力，抵抗西面和北面的外族侵略。西方和北方以畜养和游牧为经济基础的族群，战斗力强大，常常不是中国的农民可以抵御的。但是从长期而论，大规模的战争，最终都必须解决人员和武器补给的问题。中国庞大的农业经济，在持久作战时还是占有一定的优势的。也因此，中国面对匈奴、突厥、契丹、蒙古、满族各个强大战斗族群的压力屡次对抗，都是最终的胜利者，不是将他们驱赶向西方，就是将他们同化于中国文化。

"天下国家"体制，相较西方有"超稳定性"

南北朝时期，北方的外来族群建立了长期的统治王朝，中国文化的同化过程，虽然缓慢却仍稳定地进行着。这一北朝同化的过程，主要的动力不是王朝的权力，而来源于北方农村中坞堡保护下的汉人小社区——汉人世家大族保留的文化资源，这使他们能够换取与"五胡"的和平共存。

在欧洲历史上，基督教发展以后，同化动力乃在各地的地方教会。而这些地方教会的教士们，为了与地方族群合作，也必须承认地方领主的权力，甚至逐渐发展出对地方的归属感。于是在宗教革命以后，各地的新教团体就从罗马公教会脱附告别。

东亚的地理环境使得中国文化圈容易凝聚。说到中国的历史，世界上很少有国家像中国这样，一个"天下国家"的体制能维持两千余年，使中国人总是以为东亚地区的这种统一是常态，甚至文化的一致性也是常态。中国的"天下国家"体制，是皇帝制度与文官组织相配合的一种政治结构。如前文所说，战国时代七雄争霸，他们各别的经验综合为一个主权国家的政体管理和运作的理论。从春秋时代的管仲到战国晚年的韩非子，这一套组织和管理学理论系统，配合儒家荀子带进来的人文目的论，落实为几千年"天下国家"的结构。

在欧洲，罗马帝国固然长期存在，却从来没有如此大规模的政治共同体的管理经验，更说不到管理的理论。直到马基雅维利的时代，才有类似的管理学出现。治理中国这个庞大的国家，在中央需分部办事，在全国需分层管理。皇权代表主权，文官的政府代表治权。内廷和外廷的权力区隔，包括皇家的产业和政府产业的划分，都在理论上维持着皇权和行政权之间的平衡。从汉代开始，皇帝的谕旨必须要有文官首领——丞相副署的首肯才有效力。这一传统持续到明太祖废丞相，才出现皇权独大的情况。

中央和地方之间，不管以什么名称，通常是两层到三层的分权结构。有的朝代，基层地方的权力足够和中央的命令互相制衡；有的朝代，中央的监督层次，就是今天的省级，拥有更大的权力。这个现象发生时，通常意味着国家已经快分裂了。正常的情况下，地方政府各有其相当的自主权力，足以适应当地特殊的地理环境与风俗习惯，不必谨守"一刀切"的中央法令。因此，这个庞大的"天下国家"，也具有中央和地方互相制衡的结构。

政策的制定、执行和监督，三环互相联系和制衡，也是中国管理制度的特色。中央政府的言官、谏官，都有提醒和谏诤的权力。虽然在明代以后，在皇权的暴力之下，他们的职能打了很大的折扣，但制度仍旧存在，以至于孙中山在设计政府结构时，还在立法、司法、行政三权之外，又加上了监察权。在各个时代，这些结构上的功能，未必能充分发挥；可是，有了这种结构，一个巨大的"天下国家"才有自我调节的机会，以匡救不同的错失。

荀子带进来的儒家人文理想，成为中国历代治国的基本要求。很少有政府能具体地实现这些理想，然而，有了这些理想，政府的承诺和百姓的盼望才能够实现。《礼记·礼运》中有"大同""小康"两个境界，"小康"终究是现实政治希望能达到的水平。所以，汉代的皇帝很清楚，帝国的政治是外儒内法，希望以法家的制度达到儒家的理想。

相对于中国而言，欧洲在罗马帝国时代，是以城邦政治的贵族与精英执政，希望达到城邦公民社会的理想的。这个公民社会却并不包括每个人在内，公民之下，永远有非公民和奴隶不在国家理想统治的关怀之内。后来，基督教廷公教秩序出现，却又以"神的城邦"（City of God）作为理想，人只能仰望神给的恩典，自己不能作为祈求福祉的主体。

总之，这样一个中华帝国体制，由几个不同结构结合成了一个稳定的庞大系统。不过，问题也在于这一系统的稳定导致了惰性，以致缺少其他可代替的选择，以适应不时出现的"失调"危机。以国家与社会的领导分子为例：中华帝国的体制，从汉代以后，就将儒家思想作为选择文官的标准。汉代的察举，不仅考核能力，也从乡评里挑出"孝廉方正"这一类符合儒家理想的精英人物，担任政府官员。西汉的察举制，逐渐演化出东汉的儒生精英集团，形成以世家大族为基础的庞大领导阶层。外廷的文官组织，凭借儒家精英的力量，实质上威胁到了皇权。于是，皇权引进了宦官、外戚和边防军的力量，形成东汉政治长期存在的紧张情况。魏晋南北朝到唐代，世家大族的影响力成为举足轻重的社会力量。唐代以后，科举制度成为平民百姓的晋升之阶。政权以功名利禄网罗天下才俊。然而，也正是这些功名利禄，使得凭科举进入权力阶层的学者丧失了自己的独

立性。这一现象的本质，可说是社会上存在的文化资源与
皇权代表的政治权力，并不能够经常保持适当的平衡。

宋代中国文化桎梏，导致统治结构僵化

宋代开始，儒家的学者致力于解释经典。北宋理学宗
派林立，不断阐释经典，建构出儒家从形而上学到社会伦理
的整套理论。原始儒家，以其人文精神，最为关怀的是人
际关系，即所谓"伦理"。儒家伦理结构下，人与人的关系
既是相对的，也是互动的。君臣、父子、夫妇、长幼，无
不是根据这相对与互动的原则加以界定的。"君不君，则臣
不臣"，所以，反抗暴君，不算叛逆。可到了南宋，朱熹解
释的儒家伦理，却是将这种相对的互动转变成固定的结构。
人与人的关系，就成为不容颠覆的格局。

朱子学是儒家理论中重要的一个学派，其本身立论周
密，无可诟病。问题乃在于明代科举制度规定朱子学为钦
定的官方理论，解释儒家经典，只有朱子的注疏为科举认可
的标准答案。明太祖甚至将《孟子》中的一些章节摒除于
儒家经典之外，就因为《孟子》秉承了战国时代高涨的人文
精神，主张百姓有反抗暴政的权利。

儒家不是没有另一选择，宋代的陆象山和明代的王阳
明都有过以个人心性为主的思想。但是，从皇权的立场来

看，朱子学的结构论比陆、王的意志论更有利于建构稳定的社会，也更有利于统治者继续维持既得的权力。于是，从明代以后，六七百年间中国的科举制度选拔的不再是有独立精神的儒家学者，而是只知背诵一套答案的书呆子，一群没有独立思辨能力、只知为皇权服务的仆役。这一"天下国家"的结构，就只剩了法家的管理制度，不再有儒家的人文精神与之制衡。

中国的经济体，是建立在精耕细作制度上的农业经济。而且，由于汉武帝时期的政府过度管制工商业，导致以城市为基础的企业萎缩，农村便必须担起以农舍手工业生产消费品的功能。于是，这个农业经济就具有强烈的市场性。欧洲那种纯粹以庄园生产自给自足的农业，在中国只能于大乱之中偶然出现。市场型的农业经济，必须要靠区域间彼此的互补，使地方性的产品经过聚散流转，构成一个交换网。

从汉代以后，这一经济形态不断扩张，却没有根本性的改变。西北丝绸之路和东南海运的外销，在不同的时代都为中国赚来许多财富。可这些外销商品，有些是由作坊生产的（如瓷器），有些却还分散在农舍手工业的体制下（如丝织品）。那些外销商品带来的财富，没有集中积累的机制，不能为中国的经济发展形成可以继续增长的资本。

如本章开头所说，中国有一个相当聚合的地形。从秦汉形成的道路，经过历代不断地扩大和加密，至今仍是庞大的网络。各地以其特产的聚散，彼此交换，互相谋利。于是，中国经济上的区间互赖，也是维持中国凝聚为一个整体的重要因素。俗话说"分久必合"，即使在国家分裂时，经济上的交换和互赖，也能创造重新统一的机缘。南北朝时期和宋、辽、金、元时期，南北对峙，但是边界上的贸易从来无法切断。

　　欧洲历史上，以城市为基础的外销产业和与其相配的金融、运输，使城市与城市之间，构成一个巨大网络。但是，内陆的农业经济，从上古到中古，基本上都是比较粗放的生产方式。例如，两圃或三圃的轮耕制❶，农业和牧业的并存等。欧洲的封建体制将农业生产割裂为自给自足的庄园，以及小范围之间的交换。直到近代国家体制出现以后，国内的安定才足以建构一个国内的交换网，大区域内的互通有无才得以实现。在近代欧洲，尤其是工业革命以后，城市和农村之间的关系才整合在同一个经济交换网络之下。

　　中国历史上的主要朝代，都在皇权和文官制度的统治下，再配合上述市场性农业经济的网络。如果没有其他因素，这两套网络的结构，可以长期保持中国的统一，提供相对有效的管理。到了唐代，虽然颇多内乱和外患，但基

---

❶ **轮耕制**　在同一块田地上有顺序地在各季节间和年度间轮换种植不同作物或复种组合的种植方式，其目的是保持土地的肥力。

本上，文官制度的体系还是相当有工作效率的。例如，安史之乱以后，刘晏❶改革财政，就是由中央调度资源，保持市场经济网络的有效运作的。宋代的地方有相当的自主权，虽然宋代中央的工作效率并不高，各个地方人治为主，但也能保持经济网络的自动调节。明、清两代，中央权力强大，而在意识形态固定以后，文官体系已不再能够制约皇权。同时，意识形态的固定，使政治统治结构僵化，不再能作必要的调节，以适应突然发生的变化。

明清时期的闭关锁国迅速拉大中、欧差距

从万历到嘉庆两百年间，正是世界大洋航道开辟和发现新大陆这两个重要事件发生的时期。诚如前面所说，欧洲获得新的动能，"鸢飞于天，鱼跃于渊"，大步地迈向新的时代。欧洲帝国主义取得的利润，其实有不小的一部分间接地流入中国，中国至少享受了两百年的出超。这个时机，明、清两代政府，不仅不知适当运用，反而由于与外界

---

❶ 刘晏（约716—780年）字士安，曹州南华（今山东菏泽）人。他整顿盐法，在离盐乡较远的地区设置常平盐，缺盐时平价出售存盐，又实行常平法，做到"天下无甚贵贱而物常平"。德宗即位后，被人诬陷而死。

隔绝，愚昧地将这些新的变化当成对中国秩序的挑战。明代万历以后，沿海的海上集团非常活跃。不但沿海民间的力量组织了不同的海上活动集团，甚至内陆的资本——如安徽累积的钱庄资本，也投入了海上贸易活动。

明代的政府加强了海禁，将这类参与国际海上活动的中国人都当作倭寇的同伙，不仅不加以支持或利用，反而花了很大的力气剿灭海上活动。明代覆亡的过程中，在北边的黄海地区，毛文龙的部下、南方闽台郑芝龙和郑成功的部下，都因为具有相当的武力和财力，在明清的斗争之中扮演了重要的角色。然而，从明代平定倭寇之乱到清代平定三藩与台湾郑氏政权，政府力量和民间力量却是彼此抵消。相对于欧洲列强在海上的扩张，中国并没有了解大洋航道贸易的历史意义，却为了维持中国秩序，错失了参与列强海上活动的机会。

明代中国的东南和华南地区，依然依靠外贸的出超而相当富足。清代满族征服了中国，在南方的战争一度造成这些地区重大的损失。不过，因为中国东南部长期的富足，这些地区的经济很快就复原了。相对而言，黄淮以北的中国，却因为并不生产外销商品而长期陷于贫穷的境地。中国市场经济的网络，实质上破裂为二：富足的南方并不能在市场化程度差距极大的经济体制下救济北方的贫穷。不仅中央政府定都北方要依靠南方的接济，而且，明、清两代都有大量官家和权贵占据了北方大量农田，普通百姓的生活十分穷困。明、清两个王朝，乃是以政治权力强压，才勉强维持了中国的统一，南北之间的差距实际上越来越大，中国经济网络的区间互利功能已经不复存在。

南北经济水平的倾斜，早在明代就可以看出。明末的流寇是散兵和饥民组成的，一旦啸聚，便如滚雪球一样，愈变愈大。他们却始终只能在北方进行活动，一过了淮河，庞大的流寇就不再具有同样的气势。清代乾嘉时期的白莲教，也只能在淮汉之间大肆活动，进不了江南和华南。中国的经济网络已经破裂了，中国实际上已经分成了两个，然而，政治当权者和学术精英却一直没有理会这些巨大的变化。

凡此新的情况，如果不是因为皇权高涨，并且在文官体制下，社会的精英群长期囿于"一言堂"的局面，中国的士大夫本来应当有相当的能力，矫正前面所说的昧于国外情势的错误，他们也本应当看出国内情势的改变，可是他们却坐视南北差距扩大，而无力加以纠正。于是，乾隆时代号称盛世，而对于英国访华使节团开放贸易的要求，乾隆朝廷的答复则是：中华万物具备，不在乎外方小邦的贸易。这一次历史上的自大，充分地显露了中国从皇帝到官吏，对于当时情势之愚昧无知，也完全忽略了自己的国力已经空虚。

这些变局和上层对于变局的麻木，正是由于明、清两代经由科举制度，将思想定于一尊。皇权希望稳定，却不知道稳定的另一面就是僵化。一个庞大的帝国，如果对内对外都因为僵化而不能做出适当的调节，这样的政权终究会陷入困境，成为不能撑持的腐朽结构。

前面的八章，我们对中国历史和西方历史，一个时代一个时代地进行对应比较。现在我们可以看出，明、清两代的中国和西方对比，西方解除了宗教束缚，迎来了开放自由思想的启蒙时代，他们不仅能创造新的形势，而且因势而起，终于飞扬而不可遏制。中国呢？墨守成规，自缚手足，本可以依靠已经取得的大量白银，投入正在形成世界网络的新经济形态，却昧于新形势，不仅不能因势利导，反而时时刻刻压制，消耗了自己的力量。中国和西方的对比，现在可作一个结论：中国长期在一个帝国的统治下，相对而言，中国人曾经享受过比欧洲发达的经济和文明；而在明、清时代，中国一落千丈，颠顶五百年，时时在灾难之中，几乎无法自拔。

前车之覆，后车之鉴。中国已经进入新的时代，回看来处，不能无动于衷。后现代文明，正在逐渐呈现，在这贞下启元的阶段，东亚这批中国文化的子孙何以自存？何以作更好的发展？一个最重要的警告：视野不能狭窄和短促，结构和思想不能僵化，在面对未来时，不要自限脚步、自设樊篱。来日多难，也多机缘，如何自求多福，全在我们自己的选择。

我在另一本书里，将要讨论现代主流文明的困难、中国文化对主流文化的补足，以及将来如何融合的可能性。

当今世界的情形和我们未来的方向

我今天希望讲三个大题目：一是资本主义和社会主义一百多年来的演变情况，以及二者未来发展的可能方向；二是世界大的格局，全球化格局下的各国竞争情况（包括美国霸权），以及科技对未来发展的影响；三是中国未来发展可能遇到的难题，以及我们应该选择什么方向。

1. 资本主义和社会主义的过去、现在与将来

今天的世界，仍是自由市场经济和国家管制型经济两条途径之间的博弈。从最早的对外开拓开始，欧洲走的就是商业路线，其实就是掠夺和剥削的路线，资本主义构想的萌芽由此诞生。亚当·斯密的《国富论》是资本主义的理论经典，里面假定资本主义的执行和发展是以国为单位，

尤其是以民主国家为单位，并没有以世界为单位。

所以从一开始，资本主义讨论的就是一个国家的发展问题，就有你我之分。把别的国家的财富掠夺过来使我富、把没有用到的资源用起来使我富、把没有开拓的领域开拓起来使我富，并不是"天下大同"，也并非全民享受的福祉。其局限性透露了其一开始在殖民制度下、不平等交易中掠夺别地的资源和财富的本质。从《国富论》开始，西方已经认定世界是一个整体，是一个全貌性的发展。自那时起，资本主义开始讨论究竟是人为的干预好，还是自由的发展好，最后的结论是自由的发展好。因为从资本主义诞生开始，自由发展可以使其自由地掠夺他国的财富、劳动力、资源等，不受干预。中国当时则是被掠夺的对象。

自由发展的思想发展到欧洲列国竞争的阶段就出现了弊端。竞争导致了有强有弱、有穷有富，加之基督教"博爱仁慈"的思想在西方发挥作用，社会开始讨论公平分配的问题。19世纪的《孤星泪》❶，讨论的都是这个问题。18世纪美国立国之时，美国讨论的是要不要以国家形式对经济进行约束，其结论是要。

财富在资本家和劳动力之间分配严重不均，促使了马

---

❶《孤星泪》 一译《悲惨世界》，法国作家维克多·雨果发表于1862年的长篇小说。

克思主义的诞生。 马克思主义认为劳动者应该取得应有的份额，而且应当参加决策，甚至更进一步，主宰决策，马克思社会主义由此诞生。 资本主义和社会主义互相对抗演变。资本主义一步步调节到一种中间状态，即 20 世纪在英国出现的"渐进主义"（费边主义）。 拉斯基（Harold Joseph Laski）主张让资本盈余慢慢均摊开来（费边主义），使得劳工、平民都能享受一定的福利。 由此，议会立法制度出现，主张按照财富水平实施差额纳税。 自那以后，英国以及欧洲的主要国家基本走的都是这条道路。

这里面产生了一个问题——应该由民主制度还是由国家强制来主导这个财富重新分配的事？"一战"之前，美国走的基本是自由市场经济道路。1929 年美国经济危机爆发后，罗斯福新政开始实施，其受到了一定拉斯基思想的影响，也受到了基督教、兄弟会、共济会思想的影响。 罗斯福新政使用国家的权力开放公共的资源，以国家形式分配盈余利润，创建了社会福利制度，美国至今受益于此。

在美国，自由资本主义和国家干预的拉锯战延续至今。自由主义思想的老巢在芝加哥（大学）。芝加哥学派的哈耶克所著的《通往奴役之路》是自由主义的宣言，他认为任何把个人的权利交给国家、大团体的行为都是受奴役的行为，是不可以的。 自由资本主义在相当程度上接受了社会福利的理想，哈佛大学则是典型的美国资本主义的大本营。 在波士顿，巨量财富从 17、18 世纪开始集中在不超过一百个家族手中，他们是"波士顿婆罗门"。福特、洛克菲勒、卡耐基等都是其中的产物。他们参与资本主义工业建设中开天辟地的工作，获得巨大财富。同时他们也是基督徒，因此也出于自主自愿做了一些慈善福利工作，但从根本上来说并没有"均贫富"的观念，这是不够的。"波士顿婆罗门"存在于美国的政治和社会运作后面，是无法被毁灭的。他们的财富不会消散，因为他们用委托基金（trust fund）的方式进行管理，子孙不能继承，只能领取年金。华尔街的纽约证券交易所和芝加哥商品交易所是"波士顿婆罗门"力量的两个前哨站。肯尼迪家族以芝加哥商品交易所为大本营，洛克菲勒、罗斯福、布什等家族则以纽约证券交易所为大本营。在这些财团的压力下，美国要想走上社会主义的道路很难很难。

但是在这些大财团的社会运作之下，美国逐渐出现了一个现象：货币与经济生产脱钩了。凯恩斯认为，运作货币就可以运作经济。货币主义是两边都能用的，社会主义国家也可以拿来用。近代资本主义国家每次面临垮台危机之时（最近一次是 2008 年的美国金融危机大爆发），都是通过运行极宽松的货币政策拉回来的。但货币政策等于是给经济打强心针，它有它的局限性。究竟谁能掌握改变经济的主权，这是所有国家包括社会主义国家都要好好思考的。

　　平衡的最好范例是在北欧，就是拿国家的权力将资源分配到社区。国家收重税并强制资本家将利润捐出来，负担若干重要的公共设施开销，使得老百姓可以过相对合理的、贫富差距不太大的生活。穷人可得到国家津贴，富人一方面得到国家的保护，另一方面得到国家的控制。这是目前为止最好的实验结果。

　　第二就是欧洲。以今天的德国为例，国家掌握财富、控制财富、压制财富。这需要依靠法律来强制地做，需要强有力的领袖。默克尔是非常能干的政治家，其他领导者想做的没做到，她做成功了。默克尔做得相当出色，但还没有达到北欧的情形。

　　第三，美国方面。美国本来想走工会的方向，用劳动者团结的力量，以劳动者罢工作为工具，来促进资本家的反省和让步，让财富慢慢分配出去。然而等到劳工用罢工作为工具提升自己工资的时候，问题发生了。资本家的利润确实变少了，但是美国的产品的单价跟别的国家的产品单价比起来就不具有竞争力了，于是美国在国际竞争上就败下阵来。而随着工会的力量逐渐壮大，另一个负面效果开始显现，劳动阶层逐渐变得懒惰，于是催生了自动化。自动化是当年福特流水线操作的优化。一个工序分成许多步骤，每个步骤都相对简单，综合起来变成产品，这使劳工数量进一步减少。

越是科技进步，资本主义能够使用的工具和武器就越少。所以美国这个局面开始需要国家的干预，社会自发性机制已经不能动员全国公众的良心，需要看国家可不可以叫这个无极限追求利润的资本主义退让下来。

这里说一个插曲：因为货币成为可运用的工具，哈佛学界出了一派，即西蒙·史密斯·库兹涅茨（Simon Smith Kuznets）一派。他主张工业的建设、工业的成长都由货币来操纵。美国不仅自己实践货币主义政策，也帮助别的国家实现从无到有、从有到多。我国台湾地区从 20 世纪 70 年代开始，一方面实行政治改革，另一方面实行经济改革，经济改革就是请了库兹涅茨当顾问。当时的刘大中、蒋硕杰、邹至庄几人都受库兹涅茨思想的影响，他们做了整套的建设设计，帮助当时的台湾地区在经济上实现了从无到有。在此之前，台湾地区的经济及社会发展靠的是"三民主义"思想指导，但那个阶段的经济改革其实也是根据库兹涅茨的思想在做的，尽管库兹涅茨还没出现。"三民主义"里面有多种思想成分，包括运用国家贷款、国家保证信用等，有步骤地将财富吸纳进来、释放出去，使私人的资本主义一步一步按照国家的规划开展。

所以这就是一个两边都可以用的工具，我国台湾地区的经验，资本主义可以用，大陆的经验，社会主义国家可以用，就看怎么个用法。但台湾地区在利润分摊方面并没有做到完全合理。台湾地区的口号是把饼做大，大家都富了，都可以分一点。大陆也是这个观念，让一部分人先富起来，最终让大家都富起来，这是符合经济学中的"库兹涅茨曲线"的。

2. 全球化与美国面临的挑战

库兹涅茨的想法不仅在我国台湾地区得到了实践，也在若干其他的二流国家推广开来，使这些国家快速跃升至第一梯队，同样也获得利润。韩国、越南、印度、加拿大都是如此。但加拿大由于受了英国的限制，有自己的体制，因此做得没有很彻底。德国是坚决地、很有计划地实行计划经济。计划是以货币作杠杆，以信用作杠杆。所以新的世界格局就变成美国要面临许多突然蹦出来的、从穷国家演变来的富国家，而第一个威胁就是日本的快速崛起。20世纪80—90年代，日本发展到了巅峰的状态，世界无一处没有日本的车子、无一处没有日本的百货公司，但是日本还是被美国压下去了。日本是美国的占领国，美国军队驻在日本，于是美国用非常残忍的手段打压日本，日本没有讨价还价的余地。美国叫你货币贬值，你必须货币贬值；让你货币升值，你必须货币升值。日本的优势由此被完全打掉，日本的科技优势被美国掠为己有，然后与美国经济嫁接在一起。现在日本的车子都在美国生产，没有日本的利润了，东家也变成美国了。

日本的例子证明，在美国的强烈干预之下，美国可以达到其目的。美国强烈干预的第二种案例是，在中东地区都跃跃欲试，想倚仗石油资源建立新的国家之时，美国就制止它们出现。于是，当这些地区想要创造新的伊斯兰教世界的力量时，就成了恐怖分子。根据"9·11"的教训，美国认定这种势力必须要强力压制，于是美国联合欧洲跟中东打仗，打了二十五年。欧洲被打得稀巴烂，美国打的时候一塌糊涂，消耗了美国不计其数的军力和财富。美国之后每次遭遇大的危机，基本上都和这个军力及财富消耗有相当大的关系。

美国在 20 世纪 70 年代的时候高呼经济全球化。WTO是美国创造、美国劝说大家加入的。现在美国第一个退出，第一个站出来组织区域性的合作来抵制全球性的合作，它懊悔了。随后，美国用其独强来压制其他地区，欧洲被压下去，只有英国被美国拉回来。因为英国穷得一塌糊涂，离不开美国。随着科技的发展，美国也想做科技化成果的独占者，谴责人家攫取美国的利润。一看到科技发展的果实，美国就去极力抢夺。这个科技领域幕后的间谍战，其激烈程度与军事间谍战相比，更有过之而无不及。

美国没有反省自己的问题。美国国内的实际问题是，在国家权力越来越强大的时候，"财富的大手"越来越想伸进来。川普上台就是"财富的大手"伸进政坛的典型例子，他呼吁完全自由、完全的财富控制权。而美国的政治制度是卡来卡去，各种权利互相抵制、互相制衡的，通过任何法律去解决都没有办法立竿见影。

其次，美国文化中的"自由"精神使得国家权力无法集中，也使得温和的社会主义者在劝说的过程之中要面临许多不同对象，他们没一个统一的立场可以使每一群体都接受。我有"自由"的精神，我不属于任何团体，我只为自己负责。争取权利是我的天赋，是上帝给我的特权，我不惭愧，我得到多一点理所当然，我失去一份，我全力拼回来。权力的分配、财富的分配就面临"自由"精神、自由主义来回的比较和审问，无法正确地推进，这个是相当吊诡的事情。

自由主义是不错的字眼，可现在每天都在被误用，就像是在强奸美貌的少女，这是叫人非常难过的事情。上帝给你自由，是叫你不受封建制度的约束；上帝给你自由，是叫你在暴力之下要全力反抗。上帝并不是说你可以自由地去剥夺人家，只享受而不付出、只索取而不付出。更坏的是，得到的人居然觉得理所当然。

美国罗斯福新政实施以后，再经过约翰逊总统的任期，整个社会确实积累了相当多的财富，估计起来，三分之一左右的财富是用来接济贫寒的。社会福利方面，中产阶级是贡献最大的一部分人。因为大财主不领薪水，交税交得最多的是按薪水交税的那些人。最穷的人获得的福利分配总数是最大的。虽然每个穷人得到的份额很小，但总数很大。得到了这微薄利益以后，他居然就不想上进。给他上学的学费，他就不还，不好好学。

美国大部分人都是高中毕业生，但高中毕业生里面，容许我说句不好听的话，有些人真是不上进。这个不上进不能怪他们。美国拿黑人当奴隶几百年，让他们独立自由的能力都没有了，所以他们多得到一点点钱就觉得够了——我不需要再做了，所以我不上工。你们能不能想象美国有九百八十万份工作需要人做，但有一千二百万人脱离生产？除了福利制度的因素，近年因为通货膨胀，国家发了五百美元的救济券给每一个穷人。有此救济金加上本来的福利收入，使得一千二百万人不去寻找工作。这就使得美国这个国家竞争力完全没有办法发挥。

进一步想象，因为没有人工作，我们要更快地步入人工智能时代。等到有一天，"美丽的新世界"到来，才发现其实那个美丽新世界一点也不美丽。每一个人都坐在家里等着机器人的服务，所有的事都是机器人在帮你做，到那一天是人真正毁灭的时候，今天的前瞻并不如何美好。

下面我们讨论美国面临的历次国际竞争。历史上曾经有五个国家接近过美国的实力，但最后都被美国压下去了。

日本被压得最惨。为什么它们的挑战都没有成功，而美国对现在的中国这么惧怕？很简单的理由——这五个国家和地区，包括欧盟、日本等，它们的体量跟美国没法比，无论是经济体量、人口数量还是可用的资源能力。所以日本、德国等挑战美国都不成功。俄国之所以不成功，是因为旧有的机制，这个机制是笨重的，各处自动自发的反馈机制是没有的，因为是明显不允许的。所以俄国在跟美国的竞争中败下阵来。

印度虽然也是个考验，但印度的问题在于其种姓制度。我们看见的受教育、有文化、有能力办事情的印度人只占他们总人口的 15% 至 20%，中间有大概 30% 是一般人，余下的 30% 左右是"贱民"，或者是从中间阶层沦落到穷人阶层去的。印度的当政者可以无视穷人跟禽兽差不多水平的生活。街上的人饿死，他无动于衷；死人在露天焚烧，烧得满天都是黑烟，病菌遍地都是，他无动于衷；恒河的水脏得铺满人的尸首、牛的尸首和垃圾，他也无动于衷。莫迪就是这种人，莫迪的人民党就是这种党，这个国家不可能动员全国力量来做好大事情。它始终是个奇怪的国家，但最大的怪事就是全世界没一个国家谴责它藐视人权、对人这么不公平，而他们谴责中国。可是中国的情形跟印度不能比，这是非常吊诡的事情。

中国对美国是个考验，因为中国的体量足够大，所以中国是美国确实惧怕的。 第一，中国立国的文化不是绝对的集权，也不是绝对的发散。 帝制是不好的，官僚制度走到最后，文官官僚也会僵化。 在帝制时代，回馈的压力是没有的。

第二，中国的最大本钱就是中国文化。 儒家思想容纳了道家、阴阳家等学说，被董仲舒合并起来，形成一个大的感应系统，是一个大的网络，网络里面每一个成分都牵一发而动全身。

中国的儒家思想每一次在修正自己理论的时候，实际上都撼动了大的结构，但是大家没理解它是如何撼动的。 宋、明两朝，儒家理论的两次修改，逐步把主权放到个人心里面去。 人有独立的良心，这独立的良心是天地给你的，你可以用其去抗衡帝权、抗衡不公、抗衡无道、抗衡财富、抗衡权力。 依靠良知，大家结合在一起。 过去的中国之所以没有结合在一起，是因为更强调大的中国概念。

但结合的例子有吗？ 有，即社区性的、社团性的结合。 中国的家族是个小共同体。 大的家族里成员要对家族作贡献，给和拿都要，这是理所当然的。 成功人要把这个责任扛起来，贫苦人有权利分得富人的财产的一部分。 像我的家乡无锡就是一个社团性质很强的地方。 我们每个大的家族都有祖产，祖产可以给小孩子教育费，给寡妇生活费，给女孩嫁妆，给出去读书、考科举的小孩路费，给要出去做买卖的人本钱。依据家族大小、本身小的共同体有多少财富，来决定每个人得到多少。实际上由于人员众多，大家分到的利润最后是差不多的。因此，家族共同体是一个例子。

　　第二个例子是社区。我的家乡无锡就是个社区。上百个大家族、中等家族合起来管理这一个城市、管理城乡。其中的养老，救济贫困，救济寡妇、孤儿，修桥补路，失业者的安置等事宜，都由团体共同商量决定。这样的团体怎么出现的？没有投票，凭才能、凭口碑，大家说我们委托他、我们请他帮忙。中国有刚刚讲的家族跟社区这两个结合起来抵抗帝权、抵抗文官的腐败和制度的瘫痪。中国在抗战时期，实际上是靠无数小的独立的社团和社区，才使得日本人打不散的。它打散了上海，打不散其他地区，它打散了海岸边的工业，打不散其他的产业。

　　如果可以适当地利用民间的自治能力，中国不仅可以由此来抵抗美国的压力，也可以由此开拓新的局面。如果我的话能帮助同胞们想一想，不管是在官的还是在野的，我死而无憾，死在讲台上我也愿意。

3. 当前世界的人口与土地问题

　　人口问题现在是全球性的问题，全球人口最多的两个国家是中国和印度。印度人口的自然淘汰率和死亡率很高，平均寿命之低是不能想象的。还有一个大的人口问题是在非洲——非洲人口问题以及 1/3 印度人口的问题，是将来世界人口最大的难题。

对中国来说，中国能不能实现粮食自给是非常重要的事情。此外，还应当心有余力去"喂饱"其他的人。中国现在粮食总体上自给，但也有隐忧。全球来看，很多地区的土地资源没有得到合理的开发和利用，最大一块没有合理利用的土地在非洲。中国的土地使用几乎到了极限。俄罗斯东半边有相当大的一块土地并未得到合理的利用，虽然气候寒冷，但地下的矿产资源丰富，且在现代科技（如大棚种植技术）的帮助下，相信这块土地也可以种植出粮食。中东也有大片土地没有利用，尽管土壤品质不太好。欧洲可用的土地并不太多。美国的土地还有进一步开发的空间。

因此，全球各国应该更加合理高效地开发土地。一要用农业高科技缩短生长周期，二要实现高产，三要精简土地的使用。可以考虑利用太阳能将水从地下深处抽取上来，在地下的室内进行生产种植，人工控制光线、温度、灌溉和施肥。

我觉得中国这十年来最可惜的一个现象是，随着城市化的进展，很多农村的优质土地被城市征用了。2010 年左右我去浙江省湖州市吴兴区看考古遗址，看到那一片土地全部变成水泥地，下面埋着水管、电线等，我真的要哭。太湖边上的吴兴的土地和无锡一样是最好的农耕地，天下再没有比这更好的农耕地了，温度、湿度和土质均十分适宜农作物生长。四川的土地也是一样，也被毁掉，真的可惜。

我衷心盼望将来中国不再一味发展大型城市，大型城市往往大而无当。可以发展许多中型城市，用快速交通连接，城市之间留下农耕地，这要好得多。

中国在新的绿地的培育和开垦方面做出了伟大成绩。新疆沙漠、内蒙古戈壁的开垦都是十分了不起的，我佩服。但森林地、水边的沼泽地等应该留下，保护起来，这对平衡全球气候、维持中国自己的粮食供应都是有用的。

4. 从知识到智慧的追寻

下面我要讲到中国的"感应"思想，包括人跟社会、人跟群体、人跟天下、人跟自然、人跟宇宙之间的互相感应。这个感应思想能够（也应当）代替当今西方基督教神与人分离的思想。

在基督教的思想中，神不跟人在一起，被神赋予权力的人是有权者、有财者，他们和神靠近，普通人则是被打压的。神不允许人有知识和智慧。但事实上知识是把双刃剑，可能是杀人的剑，也可能是救人的手术刀、是生产工具里的镰刀锄头。

人的知识是无穷的，可以无尽开发。开发者应该心怀
的是为人，是为全体，是为人间，是为世界。我希望大家
有空可以看看我的那本《中国文化的精神》。我在那本书中
主要讲的是人的"良心"是自己的主人，可以帮人挡住诱
惑、挡住误用、挡住无理，这是人自己应该做的事。

修己以安人，心有余力要安他人，从你附近的人"安"
起，从亲戚家人到邻居、同胞到百姓、到全人类。这是中
国文化精神的可贵之处，与西方文化中只谋求自己所得应
得、不懂给予和回馈的思想是完全不同的。

基督教里面有一种实用学术是了不起的。一个法国的
考古学家、古生物学家，也是一个神父，叫德日进（Pierre
Teilhard de Chardin），在中国做了一辈子考古研究。他在研
究古代生物的演化以及古代人类的过程中，接触到了中国民
间弥漫的"感应"的想法，写出了一本书——《人的现象》
（*The Phenomenon of Man*），现有的两本中文翻译版本都译
得不太好，我盼望国内有高手可以将这本蕴含无穷智慧的
书好好翻译。他说人被贬出伊甸园，要到外面去修行。修
行的过程是从无到有，一步步从禽兽修行到人，最后到达 Ω
（希腊字母表的最后一个字母）。最终，这个 Ω 回到 α（希
腊字母表的第一个字母），回到上帝，也就是说人又变成神
了，神有责任救济全世界。德日进最后被法国教会叫回法
国监禁了一辈子，不许授课、写文章。他是了不起的人物。

5."躺平"不是放弃，珍惜自己、回报社会

我做的是大历史的研究，但我从不轻视个人的作用。高锟是我在中文大学的校长，他发明了光纤，开启了整个光电系统，他回到了 α——神的位置。假如没有高锟，光电系统一样会出现，而且就在那几年。其实是很多人都有一样的构想，但他是第一个实现的突破，于是别人让步让下来了。每个个人，如果幸运的话，都会有一天可以说：我为人类尽了力。这个时候你回到了 α。因此，我绝不轻视个人。

人与人的处事之道应该是将心比心，从"安己"上升到"安百姓"的时候，你就成了"高锟"。有人提到国内现在流行的"躺平"思想，我佩服"淡泊"的思想，淡泊是救济贪婪、荒唐、放纵的良药，但不能从淡泊变成放弃。

为人在世不简单，人都是别人帮扶长大的，人都欠别人的"债"，应当珍惜自己、回报社会。有一个人不回报，世界就多了一个大窟窿；有一半人不回报，世界就会溃散。

问：您谈到非洲一些人不求上进，中国人肯定是相反的。中国家长都要求孩子上进，这个也体现在我们孩子们的勤奋刻苦的基因当中。现在国家为了减轻孩子的压力，把数理化补课都去掉了。韩国之前也做过类似的事情，但

是后期韩国研究发现国力似乎下降了，您几乎看了一个世纪的历史，可否分享对此的看法？

答：补习班是个坏事情，它不是教育，反而是损害了人的学术精神，孩子的学习能力我认为是被毁掉了。补习是解释，不是背书，也不是抄书。我听说连数学都抄书，这很荒唐，数学本质是培养思考能力的。所以，绝对不要上这种补习班。父母自己在家里帮孩子一点忙，不要背书，要教孩子懂得课文，懂得数学题目、物理题目，解释给他听。假如父母自己没有能力做的话，自己去学一学，你们父母基本都是大学毕业的，即使是高中毕业的也可以帮助学生去学习。

坦白讲，我没有上过初中，也没上过小学（战争和个人身体问题，直接上的高中）。我一辈子没背过书，没有背过一篇课文，因为我觉得背诵是没用处的。有一个方法我可以介绍下，我在无锡辅仁中学读高中时，我们班上导师要求每十个人组成一个学习小组，下课以后一个半到两个小时留校不走，每十个人围成一圈，对当天讲的事情进行讨论，主要讨论数学跟英文，其他的不太需要。英文要是大家都没听懂的，听懂的人给他们解释一遍；数学也是如此。将十个人要交的一套演习题，每人都做一道，第二天交卷十个人都是 100 分。如果你的小孩找九个小朋友，下课之后花1—2 小时把当天功课温习一遍，分别担任功课的课题教练，没一个人可以逃避分担的责任。

我们老师打分数是这么打，你跟上一次考试相比是进步还是退步，你进步从 C 到 B，你退步从 A 降到 B，即使你是 85 分了，但你以前是 90 分的，你降到 80 分就是退步。十个人彼此帮忙，绝对比一个人容易得多。我倒觉得各位家长可以让小孩发展这种学习小组，将来这十个人会是一辈子的朋友。

问：刚才您提到了很多关于中国、美国的问题，但是在现阶段台湾问题是一个绕不开的问题，大家都很关心国家统一是不是注定的？因为现在情况比较特殊，抛开理想情况，想请教您觉得台湾问题最后最可能的解决途径是什么？

答：这是个难题。台湾"四大公投"均未通过，民进党大胜，反映了执政党民进党还有一定市场，这也让我们认识到两岸统一是个难题。国民党也要自己反省一下，在两岸分裂的时候，国民党言之凿凿地把大陆讲得坏得要命，这仿佛是个报应。我既不是国民党，也不是共产党，也不是民进党。在国民党改革前我是支持改革，改革过程之中我尽我的能力帮忙劝说、帮忙罗织人才，我可以跟最高层的蒋经国面对面直接地谈话，不怕他怎么样。

我对台湾有一份感情。台湾经济从无到有，富足自由，

20世纪90年代的那段时间是很让人舒畅的。后来的事情愈演愈劣。另外，我想说中国的四周跟中国文化完全一样的国家，有一个韩国，有一个朝鲜，有一个越南，这几个国家都是完全用中文，用中国的制度、官称、儒家思想，学得完全一样，就像中国的省份一样。这三个国家都曾经是中国的一部分，但是后来脱离了。

但朝鲜长期跟中国保持着友好关系，几乎没有断过，因为中国常常帮助朝鲜抵抗日本。清朝灭了明朝，朝鲜皇帝替崇祯皇帝戴孝了三年。朝鲜跟清朝来往，面子上称它为朝廷，但回来写的报告就称其为虏廷，一句好话都没有。清朝皇帝的丑事、脏事它都清清楚楚记下来，所以"太后下嫁"朝鲜就记得清清楚楚。但朝鲜民间与中国民间的感情一直是非常密切的。但这个国家始终是留在外面。

往越南看，越南三次回归中国，又三次离开中国。在唐朝，越南是中国的一部分，中国有非常好的诗人张律、张硕就是越南人；越南人考中国科举常常能得到很好的分数，进入中国官场。汉朝时，越南也是中国的一部分，但是后来越南有两位女孩出来革命了，汉朝派遣了老将马援前去镇压，也一度被打得退出来，很厉害。越南这个国家很厉害，它每次回归中国都过得很好，过一阵子它就逃掉了，它有着不屈不挠的精神。

另一块土地是琉球。琉球跟中国一直都是非常友好的，从来没有离开过，在哪个朝代都是规规矩矩（明朝曾派遣善于造船航海的"闽人三十六姓"到达琉球定居），这"闽人三十六姓"落脚于此后，便成为当地人口的基本成分，读的书与中国是一样的。《浮生六记》的作者沈复曾经去过琉球，回来报告了在琉球的发现。琉球根本上与中国是一样的。我到马来西亚去看，马六甲城市里面有一部分的洋区、一部分的华侨区，华侨区跟福建、广东的一些小城镇完全一样。八百年之后华侨还在说，我祖宗是八百年前过来的，讲的话还是国语。华侨文学（马文、马华的华侨文学）相当不赖，日本当年侵略中国的时候，好些作者跑到马来西亚去避难。

两岸民间的来往本来几十年来也相当顺畅，民进党也不会永远在这里。民进党有一天会下来的，因为民进党人员本身的素质能力和操守都不够。

各位华夏同仁惠鉴：

　　昨日会谈，时间不够，未能陈述一项拙见。现在具函补充如下，请各位主持产业单位时，惠予考虑：安排类似日本之"会社"小区。我们必须注意：西方世界，个人主义当令，以自由为名，整个社会正在急速走向散漫，更因过分都市化，导致小区解体、家庭离散。循此趋势，不久之后，若干"现代国家"可能沦为一盘散沙。为预防中国社会，尤其考虑到急速都市化进程，国内也难免出现：繁忙大都会中，无数寂寞"个人"沦为"孤狼"。其时家庭不稳定，邻居无呼应，于是：无人育幼，无人养老，疾病、残疾无人照护。即使国家具备社会福利政策，将仅存条文，缺乏照护执行之人。忝为中国人，即使人在海外，殊不愿坐视中国亦沦入西方国家困景。

　　谨此建议：

　　国家制定政策：每一产业园区邻近，应建设"居住园区"。如此小区，由产业园区投资，小区包含租赁宿舍、幼儿寄托中心、幼儿园至中学之各级学校、医护卫生单位及老人赡养单位。凡此设施，均在耳目可呼应之距离内。小区内各工作人员，尽可能让产业雇员之眷属担任。庶几小区几乎相当于"大家庭"：住户彼此守望相助，互相支援。过去大陆单位之"大院"，台湾早期之"眷村"：其中成长之青年，终身如同手足；长者晚年，举目均是熟人。即使

园区孩童，成年在别处就业，出身小区永远是可以依靠之
"老家"。小区内，应当配置若干"社会工作人员"，负责协
调个人需求，可由小区住户人口中，担任育幼、扶老、教育
以及家务支援、小区清理、保安等工作。

以上所举各项，其宗旨乃是建立"劳务存储制度"，畀
得小区成员，可以储存"劳务点"，在自己需要有人照护
时，即从预存"劳务点"支付。如此设计，主旨在建立小
区之"互助"精神，也在由互助节省老年或疾病时，各项费
用之负担。

以上拙见，谨备卓裁。如果认为值得考虑，十分盼望
费心设计，或请政府有关单位，共同计划，俾产业同事，有
安身之所。

端此，并叩
时绥。

许倬云　谨呈

2021 年 12 月 19 日

图书在版编目（CIP）数据

三千年文明大变局 / 许倬云著. —北京：九州出版社，2023.1（2025.10 重印）

ISBN 978-7-5225-1598-4

I.①三… II.①许… III.①世界史－通俗读物

IV.①K109

中国版本图书馆 CIP 数据核字（2022）第 235888 号

三千年文明大变局

作　　者	许倬云　著	
责任编辑	周红斌	
出版发行	九州出版社	
地　　址	北京市西城区阜外大街甲 35 号（100037）	
发行电话	(010)68992190/3/5/6	
网　　址	www.jiuzhoupress.com	
印　　刷	三河市中晟雅豪印务有限公司	
开　　本	880 毫米×1230 毫米　32 开	
印　　张	9.5	
字　　数	174 千字	
版　　次	2023 年 3 月第 1 版	
印　　次	2025 年 10 月第 8 次印刷	
书　　号	ISBN 978-7-5225-1598-4	
定　　价	59.80 元	